Hölzel · Das Kleine und das Große Hufeisen

Dr. Petra und Dr. Wolfgang Hölzel

Das Kleine und das Große Hufeisen

Vorbereitung auf die praktische und theoretische Prüfung

Müller Rüschlikon

ISBN 3-275-01210-X

2. Auflage 1998

Titelfoto: Alfred Kaup
Zeichnungen: Renate Blank
Lektorat: Carola Nowak
Herstellung: Hermann Lambrecht
Satz: Franz X. Stückle, Druck und Verlag, D-77955 Ettenheim
Druck und Bindung: Wilhelm Röck, Graph. Betriebe, D-74189 Weinsberg
Printed in Germany

Inhalt

Vorwort

Das Kleine und das Große Hufeisen erfreuen sich als erste Reiterprüfungen für Kinder und Jugendliche wachsender Beliebtheit. Dieses Buch möchte dem jungen Reiter, dem Lehrer und dem Prüfer klare Anhaltspunkte für das geben, was in den Prüfungen verlangt werden kann.

Unser Dank für wichtige Anregungen gilt Frau B. Kaup und Frau S. Dilla sowie Frau Lempa-Röller (FN) und Herrn Ch. Hess (FN) für die Durchsicht des Manuskriptes.

Sassenberg, im Frühjahr 1996
Dr. Petra und Dr. Wolfgang Hölzel

Einleitung

Das **Kleine Hufeisen** kannst du erwerben, wenn du mindestens sieben und höchstens 16 Jahre alt bist. Es ist im Reitsport etwa das, was das „Seepferdchen“ für die Schwimmer bedeutet.
Mit dem Kleinen Hufeisen beweist du dir und anderen, daß du „aus dem Gröbsten heraus“ bist. Mit berechtigtem Stolz darfst du sagen: „Ich bin kein blutiger Anfänger mehr!“ Auch deine Eltern – die schließlich deine Reitstunden bezahlen – freuen sich mit, wenn sie einen greifbaren Erfolg sehen.
Das Kleine Hufeisen ist deine erste Reiterprüfung und zugleich eine gute Vorbereitung auf weitere Abzeichen – etwa auf das Kleine Reiterabzeichen (DRA Klasse IV) oder den Reiterpaß. Du kannst ausprobieren, wie die Prüfungssituation, die Prüfer und Zuschauer und das ganze Drum und Dran auf dich und dein Pferd wirken. Daraus kannst du viel für weitere Prüfungen lernen.
Du kannst das Kleine Hufeisen auch im Voltigieren erwerben. Die Bedingungen dafür findest du auf Seite 179. Dieses Buch geht nur auf die Anforderungen im Reiten ausführlich ein.
Für das **Große Hufeisen** darfst du nicht älter als 18 sein. Wie du unten nachlesen kannst, wird hier etwas mehr verlangt als beim Kleinen Hufeisen, doch die Unterschiede sind nicht allzu schwerwiegend.
Meist wird zur Vorbereitung auf die Prüfung ein Lehrgang angeboten, der gründlicher und umfassender ist als der normale Reitunterricht. Du wirst rasch merken, daß dir das Reiten mit jedem Fortschritt mehr Freude macht.

In Gemeinschaft mit den anderen Prüfungsteilnehmern gibst du dir auch mehr Mühe: Du willst zum Beispiel genauso gut sein wie deine Freundin und spornst dich an: „Was die kann, kann ich auch!" Außerdem könnt ihr euch gegenseitig helfen und Mut machen, Erfahrungen austauschen und Prüfungsfragen durchnehmen.
Und vergiß nicht: Der Lehrgangsleiter (oder die Lehrgangsleiterin) ist immer für euch da. Trau dich, Fragen zu stellen, wenn du etwas nicht genau verstanden hast, oder bitte darum, eine bestimmte Übung noch einmal reiten zu dürfen.

Weißt du, daß ...

... man das Turnen auf dem Pferd als Voltigieren bezeichnet? Dabei geht das Pferd an der Longe (einer langen Leine) auf einer Kreislinie, in deren Mitte der Longenführer steht. Beim Voltigieren gibt es eine große Anzahl von Übungen, die man allein, zu zweit oder zu dritt ausführen kann. Das Turnen auf dem Pferd ist nicht nur ein guter Einstieg in die Reiterei, sondern auch ein eigenständiger Wettkampfsport.

Wenn du wirklich alles kannst und weißt, was in diesem Buch steht, bist du fein raus. Du wirst die Prüfung für eines der beiden Hufeisen mit Glanz bestehen! Du mußt dir aber auch keine Sorgen machen, wenn du nicht alles behalten kannst. Denn die beschriebenen Anforderungen sind die Höchstgrenze von dem, was auf jedem einzelnen Gebiet verlangt werden kann. Dein Lehrer wird dir sagen, worauf er besonderen Wert legt und was nicht ganz so wichtig ist. Und dein Prüfer weiß ja, daß möglichst niemand durchfallen sollte! Alles, was über den verlangten Prüfungsstoff hinausgeht, wird jedoch für dein reiterliches Rüstzeug und deine weitere Ausbildung wichtig sein.

Die Bücher „Der Reiter-Paß“[1] und „Das Reiterabzeichen“[2] haben sich, vor allem auch durch ihre praxisnahe Frage-und-Antwort-Technik, als nützliche Hilfsmittel für die Prüfungsvorbereitung bei Reiterabzeichen erwiesen. Auch „Das Kleine und das Große Hufeisen“ ist in dieser Form geschrieben. Wir wünschen dir, daß du damit viel Erfolg, aber auch Spaß am Lernen hast.

---

1 W. Hölzel, Der Reiter-Paß in Frage und Antwort, Stuttgart 1994
2 W. Hölzel, Das Reiterabzeichen in Frage und Antwort, Stuttgart 1995

Was du vor der Prüfung bedenken mußt

Beim Kleinen und beim Großen Hufeisen wirst du in den drei Teilgebieten Umgang mit dem Pferd, Reiten und Theorie geprüft:

1. Umgang mit dem Pferd

- Du mußt wissen, wie man ein Pferd führt, es anbindet, es an anderen Pferden vorbeiführt und wie man auf der Stallgasse wendet.
- Im Bereich der Pferdepflege mußt du beispielsweise über das Putzen mit Striegel und Kardätsche, die Huf- und Schweifpflege und das Versorgen deines Pferdes oder Ponys nach dem Reiten Bescheid wissen.

2. Reiten

- Du mußt zäumen und satteln können, zeigen, wie man Trense und Sattel verpaßt und anlegt und wie die Bügel verschnallt werden.
- Außerdem werden das Auf- und Absitzen, das Nachgurten, das Hintereinanderherreiten und die Bahndisziplin geprüft. Zusätzlich kann (muß aber nicht!) das Reiten über Cavalettis, um Tonnen oder Ständer verlangt werden.
- Für das Große Hufeisen kommt das Reiten im Außengelände oder auf einem Außenplatz hinzu. Außer dem Reiten über Cavalettis mußt du zeigen, daß du kleinere Hindernisse (in Anlehnung an einen Springreiterwettbewerb) überwinden kannst.

3. Theorie

- Hier wirst du über das Putzen, Zäumen und Satteln befragt, du mußt die Bezeichnungen für die wichtigsten Putz- und Ausrüstungsgegenstände kennen und über Lederpflege Bescheid wissen.
- Im Bereich der Reitlehre mußt du zum Beispiel Grundkenntnisse über Sitz und Hilfen nachweisen und die Hufschlagfiguren beschreiben können.
- Und schließlich werden deine Grundkenntnisse auf dem Gebiet der Pferdehaltung, der Fütterung, des Tierschutzes und der Unfallverhütung geprüft.

Zu allen einzelnen Prüfungsgebieten findest du in diesem Buch genaue Informationen und die Fragen und Antworten, mit denen du dich vorbereiten kannst. Du erhältst außerdem immer wieder Tips, die bei der Vorbereitung und bei der Prüfung sehr hilfreich sind.

Was kostet das Ganze?

Es gibt aber vor einer solchen Prüfung noch andere Überlegungen, zum Beispiel die Frage, was das Ganze kostet. In den meisten Fällen wird das vor allem deine Eltern interessieren!
Wenn du nicht sowieso ein- bis zweimal in der Woche regelmäßig reitest, kann es sein, daß du vor der Prüfung zusätzliche Reitstunden, vielleicht auch Einzelstunden, nehmen mußt. Häufig findet vor der Prüfung ein Lehrgang statt, der ebenfalls Geld kostet. Wieviel, hängt von den einzelnen Vereinen ab. Du mußt eben danach fragen!
Auch die Prüfungsgebühren und das Abzeichen müssen bezahlt werden – hier wird dir dein Reitlehrer oder deine Reitlehrerin ebenfalls gern Auskunft geben.

Welche Kleidung benötigst du?

Über die Kleidung, die du bei der Prüfung trägst, mußt du dir nicht allzu viele Gedanken machen.
Reitstiefel sind zwar vorteilhaft (Gummireitstiefel genügen durchaus!), aber nicht unbedingt notwendig.
Die Farbe der **Hose** ist nicht vorgeschrieben, doch wenn du als einziger schon eine weiße Reithose besitzt, solltest du dich lieber erkundigen, was die anderen anziehen. Du willst ja sicher nicht aus der Reihe tanzen und allein in einer Turnierhose auftreten!

Tip
Lieber die gewohnte bequeme Hose anziehen anstelle der schöneren neuen, die irgendwo spannt und zwickt! Schließlich trittst du ja zu keiner Modeschau an! Du möchtest in der Prüfung möglichst gut reiten, und das geht schlecht, wenn irgendwelche Nähte scheuern.

Die **Oberbekleidung** sollte in der Gruppe einheitlich sein, also: weiße Hemden oder Blusen, vielleicht ein schwarzer Pulli dazu. Doch dabei wird euch euer Reitlehrer bestimmt richtig beraten.
Wichtig und verbindlich für alle, die das Große Hufeisen erwerben wollen und noch unter 18 sind, ist die folgende Vorschrift: Jugendliche unter 18 Jahren müssen beim Springen und im Gelände eine **Kappe mit Dreipunktbefestigung** tragen. Aber auch wenn du das Kleine Hufeisen machen willst, solltest du dir eine solche Kappe anschaffen, obwohl sie etwas mehr kostet als eine normale feste Reitkappe mit einfachem Kinnriemen. Eine Kappe mit Dreipunktbefestigung ist der bestmögliche Schutz vor Kopfverletzungen, und du wirst sie später ohnehin brauchen.

Aufregung und der richtige Umgang damit

Wahrscheinlich wirst du vor der Prüfung zum Kleinen oder Großen Hufeisen aufgeregt sein – vor allem, wenn es sich um deine erste Reiterprüfung handelt. Das ist ganz normal! Du mußt nur lernen, mit dieser Aufregung richtig umzugehen. Auch das gehört zur Prüfungsvorbereitung!

Eine gewisse Anspannung und Erregung sind sogar notwendig, wenn du in besonderen Situationen wie Prüfungen und Wettkämpfen dein Bestes geben willst.

Wird jedoch die Anspannung zu groß, so treten Verkrampfungen mit ihren typischen Anzeichen auf: Du merkst das unter anderem daran, daß du unter den Armen und in den Händen schwitzt, daß du flach und schnell atmest und Herzklopfen bekommst. Wenn du dich derart verkrampfst, kannst du deine normalen Leistungen nicht bringen und reagierst schlechter oder falsch.

Mit der folgenden Entspannungsübung[1] kannst du deine Aufregung in den Griff bekommen:

Es handelt sich um eine Schulter-Atmungs-Übung, die nicht schwierig ist. Du mußt sie allerdings intensiv und über längere Zeit vor der Prüfung üben! Das Üben lohnt sich, denn sie kann dir auch bei anderen Gelegenheiten – also nicht nur im Reitsport – sehr nützlich sein. Wenn du beispielsweise Angst vor dem Arzt oder Zahnarzt, vor einer Klassenarbeit, einem Referat oder einem Klavierspiel vor Zuhörern hast, wird dir diese Übung helfen.

Sie hat sich schon in den größten Streßsituationen, wie Weltmeisterschaften und Olympiaden, als ausgezeichnete und wirksame Entspannungsübung bewährt!

---

1 Wenn du mehr darüber wissen möchtest, lies nach in: P. u. W. Hölzel, Mentales Training für Reiter, Stuttgart 1995

Natürlich hilft dir die Übung genauso in deinem reiterlichen Alltag, wenn du ängstlich oder verkrampft bist, dir etwas nicht zutraust oder rasch entmutigt aufgibst.

Geh die einzelnen Schritte durch und probiere sie aus:

- Zieh beide Schultern in Richtung Ohren hoch – noch höher!
- Laß sie langsam wieder herabsinken.
- Zieh nun die Schultern noch einmal ganz nach oben zu den Ohren, atme dabei tief ein und halte sechs bis sieben Sekunden lang den Atem an und die Schultern oben.
- Zähle mit: 21, 22, 23, 24, 25, 26 – atme dann langsam aus und laß dabei die Schultern allmählich herabsinken.

Entspannungsübung: Zieh die Schultern ganz nach oben, atme dabei tief ein, halte circa sechs Sekunden Atem und Schultern an.

Atme langsam wieder aus und laß dabei die Schultern allmählich herabsinken.

Schon nach wenigen Übungen spürst du, wie deine Muskeln sich entspannen und du dich wohl fühlst. Die Übung kostet nicht viel Zeit: Du kannst sie praktisch überall im Sitzen oder Stehen durchführen. Nach einiger Zeit wirst du spüren, wie du dich entspannst. Die Übung wird dir dann bald auch in Streßsituationen wie in Prüfungen oder Wettkämpfen nützlich sein.

Tip

Probier diese Übung einmal aus, wenn du dich über deinen ungerecht aufbrausenden Vater oder Lehrer ärgerst: Du wirst dich wundern, daß du plötzlich ganz ruhig und sachlich bleibst!

Sobald du mit der Entspannungsübung auch in Streßsituationen Verkrampfungen abbauen kannst, beginnst du damit, die Übung zu verkürzen. Beim ersten Anzeichen einer Verkrampfung atmest du bewußt und tief aus. Bald wirst du eine wohltuende Entspannung spüren. Zuletzt kannst du diese Wirkung schon dadurch erreichen, daß du nur ans Ausatmen denkst.

Was du über die Prüfung und ihren Ablauf wissen solltest

Wenn du weißt, wie die Prüfung abläuft, kannst du dich besser auf ihre einzelnen Teile einstellen. Du weißt, wann was auf dich zukommt und mußt dich nicht überraschen lassen. Das könnte dich nämlich unnötig verwirren und aufgeregt machen!

Im allgemeinen werden die einzelnen Prüfungsbereiche in der folgenden Reihenfolge ablaufen: Zuerst ist der praktische Teil an der Reihe, dann die theoretische Prüfung. Beim Großen Hufeisen wird das Springen normalerweise vor dem Dressurreiten geprüft. Natürlich ist das kein starres Schema. Vielleicht hat dein Reitlehrer oder der Prüfer seine Gründe, die Reihenfolge zu verändern.
Natürlich sagt der Reitlehrer allen Teilnehmern Bescheid, wann sie zur Prüfung erscheinen müssen und wann sie mit dem Abreiten beginnen sollen. Vielleicht hilft es dir aber, wenn du das nicht erst am Tag vorher erfährst. Frage also rechtzeitig danach!
Die Zusammenstellung der Gruppe, in der du mitreitest, und die Reihenfolge beim Hintereinanderherreiten sind bestimmt schon beim Üben festgelegt worden. Wenn das nicht der Fall ist oder wenn du Zweifel hast, solltest du natürlich auch danach fragen. Dasselbe gilt für die Startfolge beim Springen.
Die Theorie wird mündlich und in der Gruppe geprüft. Du mußt also keine schriftlichen Fragen beantworten und stehst auch nicht alleine vor dem Prüfer, sondern bist mit den anderen zusammen.

Tip
Frage deinen Reitlehrer schon bei der Vorbereitung nach allen Einzelheiten der Prüfung. Du bist viel sicherer und ruhiger, wenn du darüber genau Bescheid weißt!

Der Prüfer wird seine Fragen der ganzen Gruppe stellen; du kannst dich also freiwillig melden, wenn du die Antwort weißt. Wenn du dich allerdings kein einziges Mal zu Wort meldest, wirst du persönlich angesprochen. Es ist also besser, wenn du von dir aus zeigst, daß du die eine oder andere Frage gerne beantworten möchtest! Bei der theoretischen Prüfung ist außerdem ein Pferd dabei, das entweder in der Halle oder auf der Stallgasse steht. Ihr müßt also nicht langwierig erklären, sondern dürft direkt am Pferd und am Sattel- und Zaumzeug zeigen, was ihr gelernt habt.

Tip

Trau dich bei der theoretischen Prüfung, von dir aus etwas zu sagen oder zu zeigen! Auch wenn es vielleicht nicht ganz richtig ist, machst du einen besseren Eindruck, als wenn du nur stumm und untätig herumstehst!

Nach der Prüfung erfährst du, ob du bestanden hast. Der Prüfer erklärt dir, was du gut gemacht hast und was du noch verbessern mußt. Die Prüfung soll dir ja vor allem weiterhelfen und dich dazu anspornen weiterzukommen.
Als Lohn für deine Leistungen werden dir nun ein Stoffabzeichen und eine Urkunde verliehen. Beides kannst du deiner Familie und deinen Freunden zeigen – und du kannst mit Recht stolz darauf sein!
Dein Prüfungsergebnis erfährst du gleich am Schluß der theoretischen Prüfung. Wenn außer den Prüfungen zum Kleinen und zum Großen Hufeisen am gleichen Tag noch andere Prüfungen stattfinden (etwa zum Kleinen, Bronzenen oder Silbernen Reiterabzeichen), kann es sein, daß du auf dein Abzeichen warten mußt, bis alle Reiter ihre Prüfung abgelegt haben. Sei dann nicht ungeduldig! Du kannst in der Zwischenzeit dein Pferd versorgen, es herumführen, putzen oder ihm die Beine abspritzen – schließlich hat es ja

einiges für dich getan, und deine Fürsorge ist ihm lieber als jedes Abzeichen!
Nach der Prüfung habt ihr alle eine kleine Feier verdient. Sicher sind eure Eltern bereit, euch zu einer Cola und einer Bratwurst oder einem Eis einzuladen. Sie werden sich mitfreuen, und so ganz unbeteiligt an eurem Erfolg waren sie ja auch nicht.

Der Umgang mit dem Pferd

Was du über Pferde wissen mußt

Mit Pferden umzugehen, bringt eine Menge Spaß. Aber es ist gar nicht so einfach, und du mußt viele Dinge wissen, um alles richtig zu machen.

Das Pferd ist ein Herdentier und möchte mit Artgenossen zusammensein.

Pferde sind in vielerlei Hinsicht anders als unsere vertrautesten Haustiere Hund oder Katze, die viel enger mit uns zusammenleben und die wir meist auch besser kennen.

Es wird dir helfen, wenn du mehr über das Wesen und die Eigenschaften der Pferde weißt:

- Pferde sind **Herdentiere:** Sie möchten nicht allein sein und fühlen sich nur in Gesellschaft richtig wohl. Im Stall wollen sie die anderen sehen, riechen und hören. Und du wirst bald merken, daß es dein Pferd zu seinen Artgenossen hinzieht, wenn du von diesen wegreiten willst. Pferde können sogar krank werden, wenn sie ganz allein gehalten werden.
- Das Pferd kann auch den Menschen gleichsam als einen Ersatz-Artgenossen betrachten. Deshalb freut es sich, wenn du dich mit ihm beschäftigst, es streichelst, putzt und mit ihm sprichst.
- In seiner Eigenschaft als Herdentier ist jedes Pferd an eine strenge **Rangordnung** gebunden, die ihm in der Gemeinschaft einen festen Platz zuweist. Um diese Rangordnung wird allerdings auch gekämpft: Das stärkste Tier beansprucht die Führungsposition. Auf der Weide kannst du mitunter sehen, wie Pferde aufeinander losgehen und um ihren Platz in der Rangordnung kämpfen.

Dein Pferd freut sich, wenn du dich mit ihm beschäftigst.

- Dasselbe kann dem Menschen passieren, wenn er sich nicht durchsetzt und dem Pferd dadurch das Gefühl gibt, es sei stärker

Tip
Bestehe darauf, daß dein Pferd etwa beim Putzen oder beim Aufsitzen absolut ruhig steht. Falls notwendig, sagst du mit gesenkter Stimme, aber bestimmt und immer mit derselben Betonung: „Haalt!“

als er. Es ist deshalb sehr wichtig, daß du auch in Kleinigkeiten konsequent bist und auf Gehorsam bestehst.

- Pferde sind **Fluchttiere:** Obwohl sie so groß und stark aussehen, sind sie eher ängstlich. Wenn sie glauben, daß eine Gefahr droht, laufen sie davon. Sie erschrecken auch vor Kleinigkeiten,

Pferde kämpfen um die Rangordnung.

die dir gar nicht gefährlich vorkommen – zum Beispiel vor Plastikbändern, flatternden Hühnern und ungewohnten Geräuschen. Es ist deshalb sehr wichtig, daß du ruhig und geduldig mit ihnen umgehst. Strafen machen sie nur noch ängstlicher.

- Pferde, die in Freiheit leben, sind die meiste Zeit in **Bewegung.** Sie bewegen sich 16 von 24 Stunden, vor allem in ruhigem Weidegang. Deshalb ist es auch nicht genug, wenn sie nur eine Stun-

Das Fluchttier Pferd erschrickt oft bei geringsten Anlässen!

de am Tag geritten werden und in der restlichen Zeit untätig herumstehen. Wenn sie nicht auf die Weide können oder zusätzlich bewegt werden (an der Longe, durch Freilaufenlassen, Spazierenführen oder Grasenlassen), sind sie unzufrieden: Sie langweilen sich, gewöhnen sich Unarten an oder werden krank.

- Als **Steppentiere** hatten frei lebende Pferde viel frische Luft, Licht und Platz, und sie brauchen als **Pflanzenfresser** lange Futter- und Verdauungszeiten. Sie müssen auch als Stalltiere viel

Frischluft – aber keine Zugluft! – und helle, große Boxen (möglichst mit Außenfenstern) haben. Sie brauchen viel Zeit und Ruhe, um zu fressen. Stroh und Heu sollten sie immer ausreichend bekommen. Beim Fressen wollen sie nicht gestört werden, und auch unmittelbar nach einer Mahlzeit solltest du sie nicht sofort reiten.

Tip

Die tägliche Futterration eines Pferdes sollte auf drei bis vier Portionen verteilt werden. Abends erhalten Pferde die größte Mahlzeit, weil danach die lange Zeit der Nachtruhe folgt.

Wenn du dich gründlich mit diesen schönen Tieren beschäftigst, wirst du viel über sie und von ihnen lernen. Erst wenn du sie besser verstehst und richtig mit ihnen umgehen kannst, hast du auch die Grundlage für reiterliche Fortschritte.
Denk immer daran: Das Pferd ist kein Sportgerät, sondern ein Lebewesen – gerade deshalb ist Reiten ja auch so ein einmaliger und lohnender Sport. Du wirst aber nur dann wirklich etwas erreichen, wenn du dich darum bemühst, viel Verständnis, Geduld und Einfühlungsvermögen aufzubringen.

Führen und Anbinden

1. Das Führen

Es ist wichtig, daß du von Anfang an lernst, dein Pferd richtig zu führen. Wie man das macht, wird dir normalerweise vor der ersten

Stunde der Reitlehrer oder ein anderer erfahrener Reiter erklären und zeigen. Du kannst aber auch selbst etwas dafür tun, indem du diesen Text genau durchliest und dir die Zeichnungen ansiehst. So kannst du dich auf alle Einzelheiten in Ruhe vorbereiten.

?	!
Auf welcher Seite wird das Pferd geführt?	Auf der linken.
Wo geht der Reiter beim Führen?	Immer in der Höhe des Pferdekopfes.
Wie führst du dein Pferd am Halfter?	Die rechte Hand erfaßt den Strick dicht unter dem Halfter, die linke hält das andere Ende des Stricks. Das ist die sicherste Methode! Nur wenn mein Pferd ausgesprochen brav ist, lasse ich den Strick etwas länger und führe nur mit der rechten Hand.

Die sicherste Art,
ein Pferd mit Halfter zu führen

Worauf mußt du beim Halten des Stricks unbedingt achten und warum?

Ich darf den Strick niemals um Handgelenk, Hand oder einzelne Finger wickeln, weil mich das Pferd dann mitschleifen könnte, wenn es erschrickt und wegläuft. Ich kann mich dabei schwer verletzen.

Nur ganz ruhige, brave Pferde führst du mit einer Hand.

Zügel in beiden Händen: Das ist die sicherste Art, ein aufgezäumtes Pferd zu führen.

Dein Pferd ist bereits **gesattelt und getrenst.** Wie hältst du die Zügel zum Führen?

Ich **nehme die Zügel vom Hals,** fasse sie mit der rechten Hand dicht hinter den Trensenringen und nehme die Zügelenden in die linke Hand.

Welche weiteren Möglichkeiten kennst du?

Ich nehme die Zügel vom Hals, der Zeigefinger der rechten Hand greift zwei bis drei Handbreit unter dem Kinn zwischen die Zügel. Das Zügelende wird zusammengelegt und in die rechte Hand genommen, der Daumen auf die Zügel aufgesetzt.
Oder: Die Zügelenden bleiben über dem Hals liegen, und ich führe das Pferd mit der rechten Hand am linken Zügel.

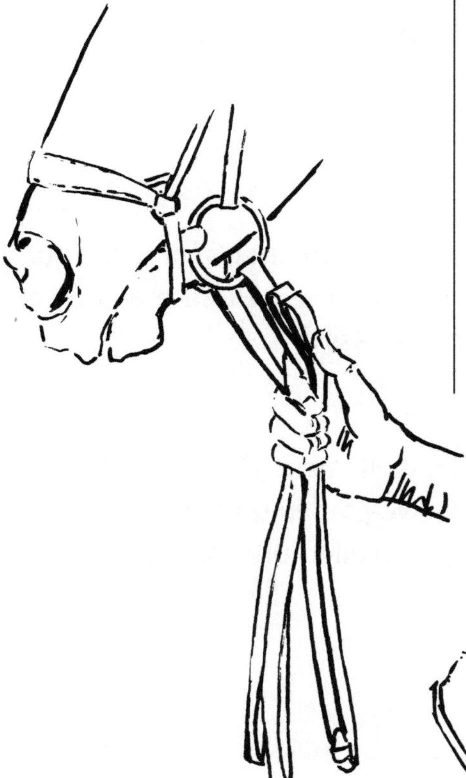

Oben: So führst du ein Pferd beim Vorführen.

Rechts: So kannst du ein braves und zuverlässiges Pferd auf kürzeren Strecken führen.

Welches ist die sicherste Art zu führen?

Die erste: Beide Hände halten die Zügel.

Wobei wird die zweite Art (Zügel nur in der rechten Hand) vor allem verlangt?

Beim Vorführen eines Pferdes.

Wann darfst du die Zügel über dem Hals lassen?

Auf kürzeren Strecken und wenn mein Pferd brav und zuverlässig ist.

Warum darf man auch die Zügel nie um Hand oder Finger wickeln?

Weil mein Pferd erschrecken, weglaufen und mich dabei mitschleifen und verletzen kann.

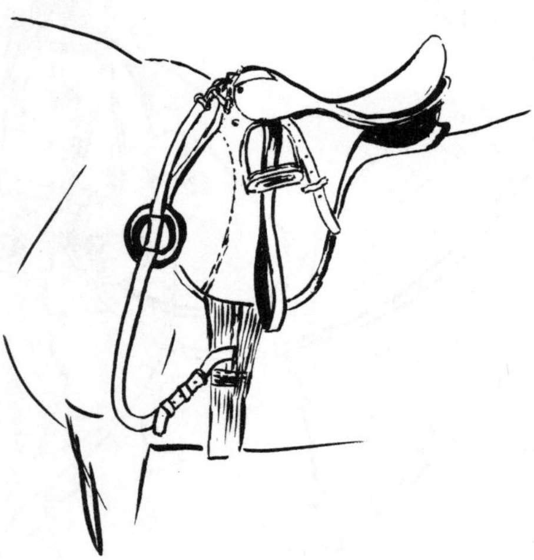

Zum Führen schiebst du immer die Bügel hoch und schnallst eventuell angebrachte Ausbinder nach oben.

Was machst du vor dem Führen mit Steigbügeln und Ausbindern?

Die Bügel müssen **hochgeschoben,** eventuell angebrachte **Ausbinder** unbedingt **hochgeschnallt** sein.

Was kannst du tun, wenn das Pferd hinter dir zurückbleibt?

Ich darf es auf keinen Fall hinter mir herziehen, sondern ermuntere es durch Zuspruch oder leichtes Zungenschnalzen zum Mitgehen.

Warum soll man dem Pferd beim Führen nicht in die Augen sehen?

Weil es dann meist stehenbleibt. Außerdem ist es besser, wenn ich mit nach vorne gerichteten Augen auch kleine Hindernisse oder Gefahren rechtzeitig erkennen kann.

Was kannst du tun, wenn das Pferd zu sehr vorwärtsdrängt?

Ich beruhige es mit der Stimme und fange es durch kurze Zügelanzüge auf, denen immer ein sofortiges Nachlassen folgt. Ich kann auch die linke Hand vor die Pferdenase halten, um das Tempo zu verlangsamen.

Wie verhältst du dich, wenn ein anderer Reiter sein Pferd vor dir führt?

Ich achte streng auf den sogenannten Sicherheitsabstand (mindestens eine Pferdelänge, das heißt drei Schritte oder circa zweieinhalb Meter), damit ich und mein Pferd nicht in die Reichweite der Hinterhufe des Vorderpferdes geraten.

Wie verhältst du dich, wenn dein Pferd trotz deiner Bemühungen weiter vorwärtsdrängt, du es nicht „halten“ kannst?

Ich bitte unbedingt den Reitlehrer oder einen erfahrenen Reiter darum, mir zu helfen. Ich geniere mich dabei nicht, denn ich weiß, daß ich als Anfänger oder auch rein kräftemäßig mit einem heftigen Pferd nicht zurechtkommen kann.

Was kannst du selbst tun, um das richtige Führen rasch und gründlich zu lernen?

Ich präge mir anhand dieses Textes und der Zeichnungen alle Einzelheiten genau ein. Ich sehe anderen Reitern so oft wie möglich beim Führen zu und bitte darum, es selbst immer wieder ausprobieren zu dürfen.

Tip

Wenn ich mir ganz deutlich vorstelle, wie ich ein Pferd führe, wirkt sich das genau so aus, als ob ich es wirklich üben würde. Ich habe das Führen dann so verinnerlicht, daß es in der Praxis auch tatsächlich klappt.

Wiederhole noch einmal die wichtigsten Punkte, die du beim Führen beachten mußt.

- Ich führe immer links und in Höhe des Pferdekopfes.
- Bügel hochschieben, Ausbinder hochschnallen!
- Nie Strick oder Zügel um die Hand wickeln!
- Sicherheitsabstand zu anderen Pferden halten!
- Kein Risiko eingehen – lieber lasse ich mir helfen.

Wenn dein Pferd zu sehr vorwärtsdrängt, beruhigst du es mit der Stimme und fängst es durch kurze Zügelanzüge auf. Dabei kannst du die linke Hand vor die Pferdenase halten, um das Tempo zu verlangsamen.

2. Das Vorbeiführen an anderen Pferden

Achte auf den Sicherheitsabstand von mindestens einer Pferdelänge, wenn du dein Pferd an anderen Pferden vorbeiführst. Wenn du es hinter einem Pferd vorbeiführst, sprichst du dieses vorher in beruhigendem Tonfall und deutlich vernehmbar an.

Ein Panikhaken, der sich mit einem einfachen Handgriff öffnen läßt

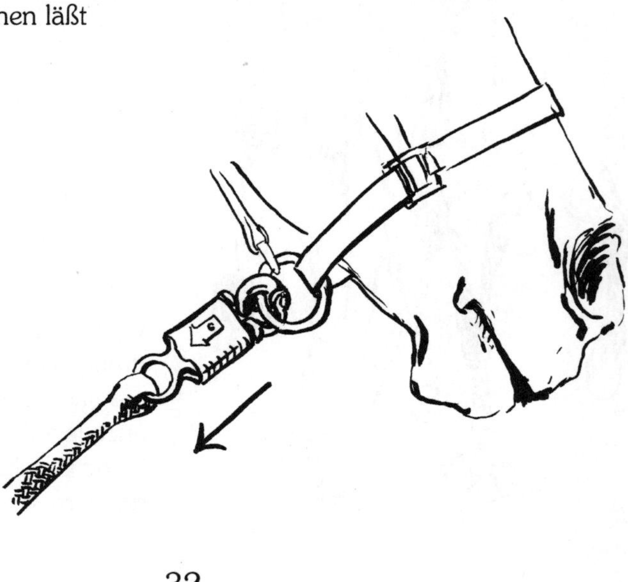

Worauf achtest du, wenn du dein Pferd an anderen Pferden vorbeiführst?

Vor allem auf den Sicherheitsabstand von mindestens einer Pferdelänge. Wenn ich von hinten an einem Pferd vorbeikomme, spreche ich es vorher deutlich vernehmbar und in beruhigendem Tonfall an (siehe Zeichnung auf Seite 32).

Wie verhältst du dich, wenn du an Pferden vorbeiführst, die auf der Stallgasse angebunden sind?

Ich spreche sie an und fordere sie auf, zur Seite zu treten. Wenn sie darauf nicht reagieren, unruhig sind oder die Ohren anlegen, bitte ich einen anderen Reiter oder einen Pfleger darum, sie zur Seite zu nehmen und zu überwachen.

3. Das Anbinden

Wie sollten **Anbindestrick** und **Halfter** beschaffen sein?

In einwandfreiem Zustand und stabil.

Warum ist dies wichtig?

Weil sie einiges aushalten müssen. Pferde, die sich losreißen, können Menschen und andere

Pferde in Gefahr bringen und schwere Unfälle verursachen.

Was ist ein **Panikhaken,** und weshalb ist er erforderlich?

Es gibt Situationen (beispielsweise Festliegen, Stallbrand), in denen das Pferd rasch und ohne Gefahr losgemacht werden muß, bevor es sich in Panik hineinsteigert. Dies wird durch den Panikhaken ermöglicht, der sich mit einem einfachen Handgriff öffnen läßt (siehe Zeichnung auf Seite 32).

Was ist über den **Anbindeknoten** zu sagen?

Auch er muß sich leicht lösen lassen, darf jedoch nicht aufgehen, wenn das Pferd daran reißt.

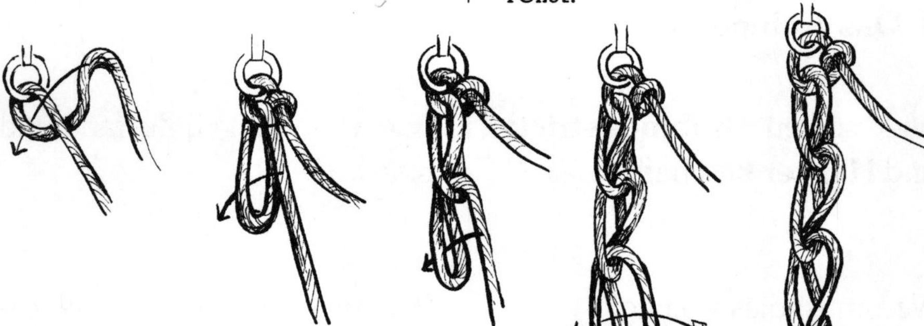

Der Anbindeknoten muß sich leicht lösen lassen, darf jedoch nicht aufgehen, wenn das Pferd daran reißt.

Warum darf ein Pferd nie am Trensenring oder mit den Zügeln angebunden werden?

Weil es sich bei Erschrecken mit dem Gebiß ins Maul reißt, sich dabei weh tut und panikartig reagiert. Bei seinen Versuchen freizukommen kann es die Trense leicht zerreißen.

In welcher **Höhe** wird der **Anbindestrick** angebracht?

In Höhe des Buggelenks.

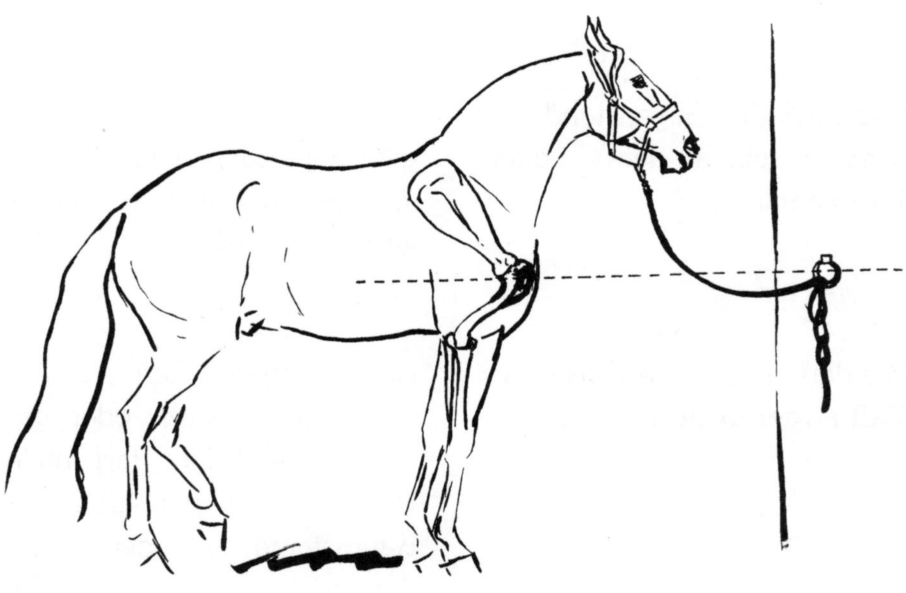

Der Anbindestrick muß in Höhe des Buggelenks angebracht werden.

Wie **lang** sollte der **Anbindestrick** sein?

Er sollte so lang sein, daß das Pferd mit der Nase den Boden erreichen kann. Er darf aber auch nicht so lang oder so tief angebracht sein, daß es in ihn hineintreten und sich verwickeln kann. Auch dabei kann es in Angst geraten und sich verletzen. Doch auch ein zu kurzer Strick ist gefährlich – das Pferd wird dann leicht unruhig und beginnt, am Strick zu reißen.

Wie muß der Gegenstand beschaffen sein, an dem du dein Pferd anbindest?

So stabil, daß er nicht nachgibt, reißt oder bricht. Am besten geeignet ist ein fest verankerter **Anbindering.**

Wo darf ein Pferd **auf keinen Fall angebunden** werden?

An Geländern, Planken, Zäunen, Wasserrohren oder gar Stacheldraht! Ich darf mein Pferd auch niemals an einem Baumstamm anbinden: Wenn der Strick nach unten rutscht, reißt das Pferd dagegen oder tritt in ihn hinein.

Darf man Pferde an den Gitterstäben einer Box anbinden?

Das ist nur dann sicher, wenn sich kein Pferd in dieser Box befindet.

Was kann passieren, wenn das Pferd an den Stäben einer Box angebunden ist, in der sich ein anderes Pferd befindet?

Es kann zu Streitereien oder spielerischen Kontaktversuchen kommen. Beide Pferde probieren, sich durch die Gitterstäbe oder über diese hinweg zu beißen, steigen dabei, schlagen aus und versuchen mit allen Mitteln, die Trennwand zu überwinden. Häufig zieht auch das in der Box stehende Pferd den Anbindestrick zu sich herein und knabbert so lange an ihm herum, bis er so dünn ist, daß er reißt.

Ein Pferd darf auf keinen Fall so angebunden sein, daß der Strick nach unten rutschen kann.

Worauf mußt du achten, wenn mehrere Pferde auf der Stallgasse oder draußen angebunden sind?

Auf die Sicherheitsabstände, die so groß sein müssen, daß sich weder die Köpfe noch die Hufe zu nahe kommen können.

Tip

Achte darauf, daß es deinem außerhalb der Box stehenden Pferd nicht gelingt, den Riegel der Boxentür zu öffnen und den Artgenossen zu „befreien". Frei auf der Stallgasse herumlaufende Pferde sind immer eine Gefahr für Menschen und andere Pferde!

?	!
Warum sollte man ein angebundenes Pferd nie längere Zeit allein lassen?	Weil es ohne Aufsicht alles mögliche anstellen kann, zum Beispiel seinen Anbindestrick so lange beknabbern, bis er reißt!
Was ist die sicherste Art, ein Pferd auf der Stallgasse anzubinden?	Mit zwei Stricken, also links und rechts.
Worauf muß man achten, wenn das Pferd im Freien angebunden wird?	Daß keine gefährlichen Gegenstände wie beispielsweise Glasscherben, Flaschen, Nägel oder abgestellte Fahrräder in seiner Reichweite sind. Auch ungewohnte laute Geräusche

wie das Rattern eines Traktors können mein Pferd sehr ängstlich und unruhig machen. Dasselbe gilt für lästige Insekten im Sommer. Ich benutze in diesem Fall ein Insektenspray oder binde das Pferd lieber im Stall an.

Wiederhole die wichtigsten Regeln beim Anbinden noch einmal in Kurzform.

- Stabiles Halfter und robuster Anbindestrick mit Panikhaken.
- Anbindeknoten: fest, aber leicht aufziehbar.
- Nie am Trensenring oder mit den Zügeln anbinden.
- Anbindestrick in Höhe des Buggelenks und weder zu lang noch zu kurz anbringen.
- Anbindevorrichtung: stabil und fest (fest verankerter, stabiler Anbindering).
- Vorsicht beim Anbinden an den Gitterstäben einer Box.
- Bei mehreren angebundenen Pferden Sicherheitsabstände beachten.
- Der Anbindeplatz muß frei von Verletzungsgefahren und Ursachen für Beunruhigung sein.

(Vgl. hierzu: W. Hölzel, Der Reiter-Paß in Frage und Antwort, Stuttgart 1994)

4. Das Wenden auf der Stallgasse

Auf was mußt du beim Wenden besonders achten?

Das Pferd sollte ruhig und behutsam auf einem möglichst großen Bogen gewendet werden (niemals ruckartig drehen!). Das heißt, ich führe es in einem Rechtsbogen außen um mich herum und spreche dabei mit ihm. Ich achte darauf, daß keine gefährlichen Gegenstände wie Eimer, umgefallene Rechen oder ähnliches in seiner Reichweite sind.

Was ist beim Wenden außerdem zu beachten, wenn andere Pferde auf der Stallgasse angebunden sind?

Wie beim Führen achte ich auf die Sicherheitsabstände und spreche die Pferde an, eventuell lasse ich mir von anderen helfen.

Die Pferdepflege

1. Putzen und Hufpflege

Welche Gegenstände brauchst du zum Putzen des Pferdes?

Striegel, Kardätsche, Reißkardätsche, zwei Schwämme, Wollappen, Hufkratzer, Wurzelbürste, Huffett und Pinsel

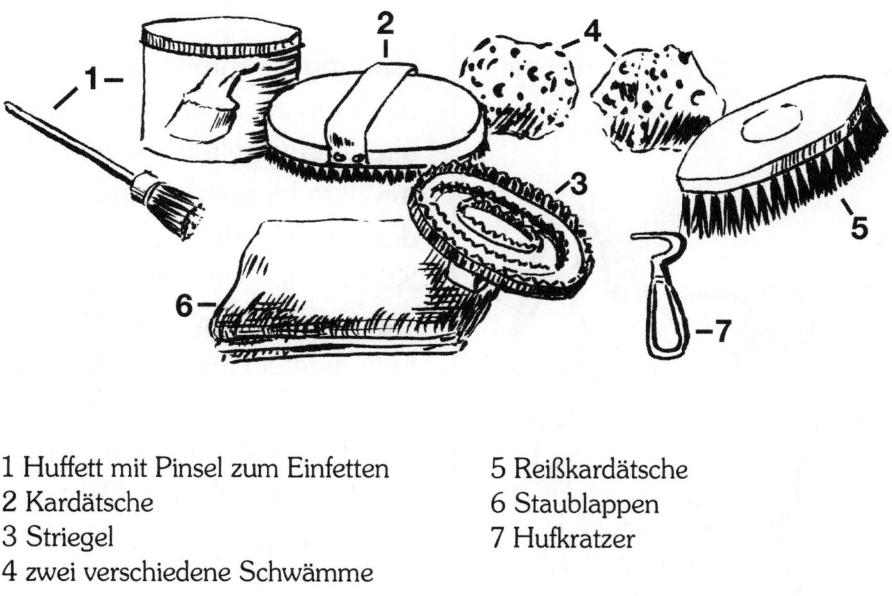

1 Huffett mit Pinsel zum Einfetten
2 Kardätsche
3 Striegel
4 zwei verschiedene Schwämme
5 Reißkardätsche
6 Staublappen
7 Hufkratzer

Wie oft wird ein Pferd geputzt, und warum?

Einmal am Tag gründlich. Dies ist zur Reinigung und zur Massage wichtig.

Weißt du, daß …

… es Striegel aus unterschiedlichen Materialien gibt? Neben Striegeln aus Gummi und Plastik gibt es die traditionell üblichen aus Metall in ovaler Form mit Handschlaufe. Außerdem sind in manchen Ställen Striegel-Handschuhe üblich, die auf der einen Seite Noppen und auf der anderen Seite Borsten haben.

?

Wie gehst du beim Putzen vor?

!

Man putzt immer von vorne nach hinten. Zuerst striegle ich alle bemuskelten Körperteile mit dem Haarstrich und gegen den Strich durch. Knochige Körperteile wie den Kopf und die Gliedmaßen vom Vorderfußwurzelgelenk und Sprunggelenk abwärts sowie ein hoher Widerrist und abstehende Hüftknochen dürfen nicht mit dem Striegel behandelt werden.

Man putzt immer von vorne nach hinten.

Wie wird mit der Kardätsche geputzt?

Nach dem Durchstriegeln nehme ich für die linke Seite des Pferdes die Kardätsche in die linke, den Striegel in die rechte Hand; für die rechte Seite ist es umgekehrt. Ich bürste das ganze Pferd in langen, ruhigen Strichen gründlich durch. Die Kardätsche wird immer wieder in Richtung der Fingerspitzen am Striegel abgestrichen. Der Striegel wird von Zeit zu Zeit auf der angefeuchteten Stallgasse ausgeklopft. Nach dem Putzen fege ich den Staub zusammen, damit er nicht herumfliegt!

Tip

Stell dich auch beim Putzen nie genau hinter die Hinterbeine deines Pferdes. Auch ein braves Pferd kann einmal ausschlagen, wenn es erschrickt!

Weißt du, daß ...

... das Verlesen des Schweifes für das Pferd viel schonender und angenehmer ist als das Kämmen oder Bürsten? Du brauchst dafür allerdings viel Zeit. Beim Verlesen gehst du so vor: Du nimmst den ganzen Schweif in eine Hand und umfaßt ihn. Mit der anderen Hand ziehst du jetzt vorsichtig einzelne Haare heraus. Dadurch wird der Schweif herrlich locker und sieht wunderschön aus!

?	!
Was tust du, nachdem du das Pferd mit Striegel und Kardätsche durchgeputzt hast?	Ich bürste die Mähne mit der Reißkardätsche durch und reibe anschließend das ganze Pferd mit dem Wollappen ab.
Wozu braucht man die beiden Schwämme?	Mit dem einen Schwamm werden die Augen und Nüstern, mit dem anderen Geschlechtsteile, Euter, Unterseite der Schweifrübe und After gesäubert.
Wie pflegt man den Schweif?	Er wird mit der Hand verlesen und ab und zu gewaschen.

Wie säuberst du stark verschmutzte Beine?

Sie werden gewaschen beziehungsweise abgespritzt und danach abgetrocknet oder mit der Hand abgestreift.

Wie werden die Hufe vor dem Reiten behandelt?

Sie werden lediglich ausgekratzt.

Wie werden die Hufe nach dem Reiten gepflegt?

Bei warmem, trockenem Wetter werden sie gewaschen und,

Stark verschmutzte Beine werden gewaschen beziehungsweise abgespritzt und danach abgetrocknet oder mit der Hand abgestreift.

solange sie noch feucht sind, einschließlich der Sohle eingefettet. Ist das Wetter feucht, so genügt es, den Huf zu säubern. Ich darf aber die Glasurschicht des Hufes nie mit einem harten, scharfen Gegenstand bearbeiten – sie ist der natürliche Schutz der Hornwand!

Hufe auskratzen

Was willst du dir zur Pflege des Pferdes vor allem merken?

- Tägliches, gründliches Putzen ist wichtig zur Reinigung und Massage.
- Von vorne nach hinten putzen!
- Knochige Körperteile nie mit dem Striegel behandeln!
- Hufe vor dem Reiten nur auskratzen, danach gründlich pflegen!

2. Das Versorgen des Pferdes nach dem Reiten

Wie versorgst du dein Pferd oder Pony nach dem Reiten?

Gesicht, Sattellage und die Schweißstellen zwischen den Hinterbeinen werden mit einem feuchten Schwamm gesäubert. Sobald diese Stellen trocken sind, putze ich das Pferd glatt.

Wie behandelst du ein naßgerittenes Pferd bei warmem, trockenem Wetter?

Es gibt im wesentlichen drei Möglichkeiten:

1. So lange Schritt reiten, bis das Pferd abgeschwitzt hat.

Naßgeschwitzte Pferde werden abgewaschen und mit dem Schweißmesser abgezogen.

2. Das Pferd ohne Sattel trocken führen.
3. Das Pferd abwaschen, mit dem Schweißmesser abziehen und dann trockenführen.

Was kannst du bei kühlem Wetter tun?

Grundsätzlich soll ein Pferd bei kühlem Wetter nicht naßgeritten werden! Wenn dies dennoch einmal passiert ist, reibe ich mein Pferd nach dem Reiten mit Stroh trocken. Die Strohwische werden dabei in großen, gegeneinander geführten Bögen über die feuchten Stellen geführt und durch trockene ersetzt, sobald sie feucht werden.

Kennst du weitere Möglichkeiten, wie ein naßgeschwitztes Pferd versorgt werden kann?

Ich lege eine Abschwitzdecke auf. Wenn ein Solarium vorhanden ist, lasse ich das Pferd dort trocken werden.

Was kannst du gegen das Nachschwitzen tun?

Ich lege Stroh unter die Decke und sehe später nach, ob das

Pferd trocken ist. Dann putze ich es glatt.

Worauf solltest du achten, wenn du dein Pferd nach dem Reiten in die Box bringst?

Daß sie sauber und „wohnlich" ist – mein Pferd hat das verdient! Ich nehme Pferdeäpfel, die in der Streu liegen, heraus und schüttle das Stroh auf.

Welche Hauptpunkte merkst du dir zur Versorgung deines Pferdes?

- Nie naßgeschwitzt in den Stall bringen.
- Nach dem Abtrocknen glattputzen.
- Nur in eine saubere Box stellen.

Zäumung, Sattelung und Pflege des Lederzeugs

1. Die Trense

Benenne die einzelnen Teile der Trense.

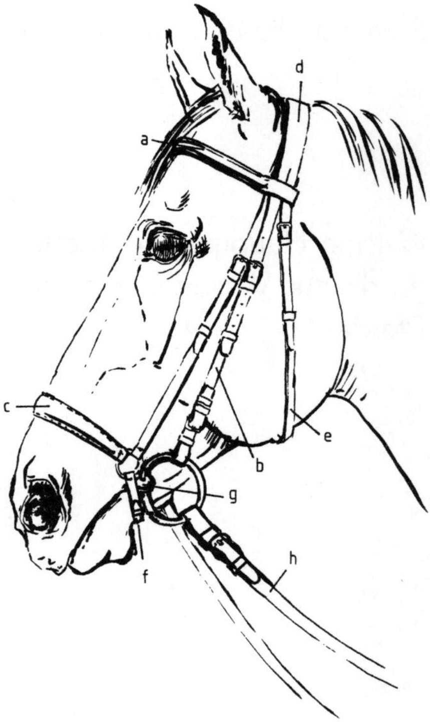

a Stirnband
b Backenstück
c Nasenriemen
d Genickstück
e Kehlriemen
f Kinnriemen
g Gebiß (Trense)
h Zügel

An welcher Seite ist die längere Zügelhälfte eingeschnallt, und warum?

Links, weil der linke Zügel den längeren Bogen hat, wenn das Zügelende korrekt nach rechts genommen wird.

Welche Teile der Trense müssen dem Pferd angepaßt sein, und welche lassen sich verschnallen?

Gebiß, Nasen- und Stirnriemen müssen in der Breite dem Pferd angepaßt sein; alle anderen Teile lassen sich an der Genick- oder der Backenschnalle verstellen.

Gebiß, Nasen- und Stirnriemen müssen in der Breite dem Pferd angepaßt sein; alle anderen Teile lassen sich an der Genick- oder der Backenschnalle verstellen.

Wie wird eine auseinandergeschnallte Trense zusammengesetzt und dem Pferd angepaßt?

Zum Abmessen kann eine Schnur verwendet werden, in die ich an den entsprechenden Stellen einen Knoten mache, zum Beispiel von Maulwinkel zu Maulwinkel über das Ge-

Zum Abmessen kannst du eine Schnur verwenden, in die du an den entsprechenden Stellen einen Knoten machst.

nick oder von Maulwinkel zu Maulwinkel über den Nasenrücken. Genauso nehme ich das genaue Maß für die notwendige Gebißbreite und für den Stirnriemen. Alle anderen Teile lassen sich verschnallen, ich kann sie also am aufgezäumten Pferd passend machen.

Wie dick muß das Trensengebiß am Maulwinkel sein?

Mindestens 14 Millimeter.

2. Der Sattel

Welche verschiedenen Arten von Sätteln gibt es?

Dressur-, Spring- und Vielseitigkeitssättel.

Weißt du, daß ...

... es neben Vielseitigkeits-, Dressur- und Springsätteln viele weitere Satteltypen gibt, die in anderen Sparten der Reiterei verwendet werden? Bekannte Beispiele dafür sind die Westernsättel, aber auch Rennsättel, Damen-, Gangpferde- und Trekkingsättel – und so weiter. Schau mal genau hin – vielleicht gibt es auch in deinem Reitstall Pferdebesitzer, die solche Sättel verwenden!

?

Wodurch unterscheiden sich Spring- und Dressursattel?

Vielseitigkeitssattel

!

Beim Springsattel ist die Knielage wegen der kurzen Bügel weit vorgebaut, beim Dressursattel ist sie weniger weit vorgebaut, weil die Bügel länger sind. Das Sattelblatt des Dressursattels ist länger als das des Springsattels, damit der Reiter bei langen Bügeln nicht mit dem oberen Stiefelrand unten am Sattelblatt hängenbleibt und es in die Höhe schiebt.

Wie nennt man den üblichen Sattel für alle Zwecke?

Vielseitigkeitssattel.

Aus welchen Teilen besteht der Sattel?

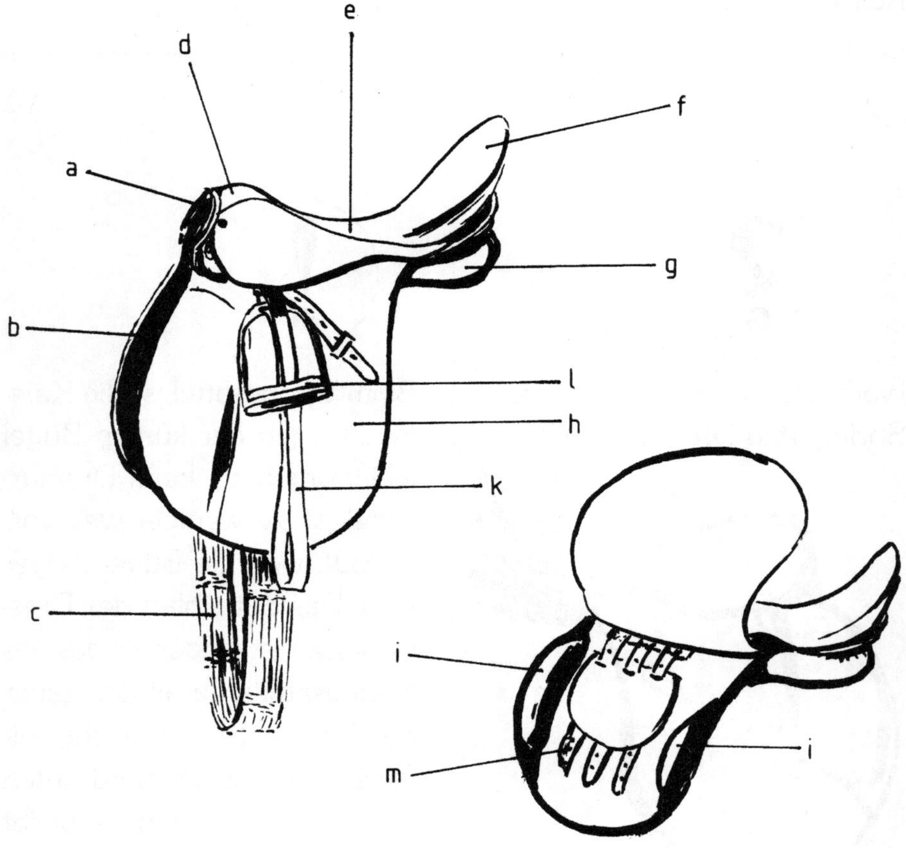

a Sattelkammer
b Schweißblatt
c Sattelgurt
d Vorderzwiesel
e Sitzfläche
f Hinterzwiesel
g Sattelkissen
h Sattelblatt
i Pauschen
k Steigbügelriemen
l Steigbügel
m Gurtstrippen

?

!

Wo liegt der tiefste Punkt des Sattels?

In der Mitte der Sitzfläche.

Worauf ist bei der Sattelkammer vor allem zu achten?

Sie muß hoch genug sein, also genügend Raum für den Widerrist haben, damit kein Satteldruck entsteht.

Wie muß der Sattel aufliegen?

Er muß an allen Punkten gleichmäßig auf dem Pferderücken aufliegen.

Wie soll eine gute Satteluntersage beschaffen sein?

Atmungs- und saugfähig, außerdem leicht zu reinigen.

Was ist bei den Steigbügeln zu beachten?

Sie müssen groß und schwer sein.

Warum ist das so?

Der Reiter muß beim Fallen rasch aus den Bügeln herauskommen. Wenn er sie beim Reiten verliert, soll er sie schnell wieder aufnehmen können. Beides wird durch einen schweren Bügel, der nach unten zieht, erleichtert.

Warum befinden sich am Sattel drei Gurtstrippen?

Um den Sattelgurt hindurchzuziehen, braucht man normalerweise nur zwei Strippen. Die dritte dient als Ersatzstrippe oder zur Korrektur der Sattellage.

Was sind die wichtigsten Dinge, die du über den Sattel wissen mußt?

- Der übliche Sattel für alle Zwecke heißt Vielseitigkeitssattel.
- Sein tiefster Punkt liegt in der Mitte der Sitzfläche.
- Er muß an allen Stellen gleichmäßig aufliegen.
- Die Sattelkammer muß hoch genug sein, um Satteldruck zu verhindern.
- Die Sattelunterlage muß atmungs-, saugfähig und pflegeleicht sein.
- Die Bügel sollen groß und schwer sein.

3. Das Trensen und Satteln

Tip

Laß dir die Griffe und die Reihenfolge beim Satteln und Trensen von deinem Reitlehrer zeigen und frag sofort nach, wenn du etwas nicht ganz genau verstanden hast.

Was legst du **zuerst** auf: **Trense oder Sattel?**

Wenn das Pferd angebunden ist, zuerst den Sattel. Wenn es nicht angebunden ist (also in der Box, eventuell auch auf der Weide), wird zuerst getrenst. Ich verhindere dadurch, daß das Pferd wegläuft.

Womit beginnst du beim **Satteln?**

Ich nehme den Sattel auf den linken Arm, der Sattelgurt ist von links nach rechts übergeschlagen. Bevor ich an das Pferd herangehe, spreche ich es ruhig an und lasse es nach rechts zur Seite treten. Ich lege den Sattel sanft und möglichst weit vorne auf und schiebe ihn dann nach hinten in die Sattellage, so daß das Fell glatt liegt.

Wie muß der Sattel liegen?

Der Sattel liegt richtig, wenn zwischen der vorderen Kante des Sattelgurts und dem Ellenbogenhöcker eine Handbreit Platz ist.

Wie beendest du das Satteln?

Ich schiebe nun die Satteluntgerlage nach oben in die Sattelkammer und ziehe Mähnenhaare, die vielleicht unter den Sattel gerutscht sind, wieder nach vorne. Dann gehe ich auf die rechte Seite und sehe nach, ob Sattel und Unterlage glatt liegen. Ich lasse den Sattelgurt nach unten und schnalle ihn auf der linken Seite fest – jedoch anfangs nur locker, damit sich das Pferd nicht verkrampft.

Der Sattelgurt darf beim Herunterlassen nicht ans Bein schlagen.

Wie kannst du die Handgriffe beim Satteln zusammenfassen?

- Sattelgurt von links nach rechts überschlagen.
- Sattel auf dem linken Arm tragen.
- Pferd ansprechen, nach rechts treten lassen.
- Sattel sanft und weit vorne auflegen.
- Nach hinten in die Sattellage schieben, damit das Fell glatt liegt.
- Richtige Lage: eine Handbreit Platz zwischen Vorderkante des Sattelgurts und Ellenbogenhöcker.
- Sattelunterlage nach oben in die Sattelkammer schieben.
- Kontrolle von der rechten Seite: Sind Sattel und Unterlage glatt?
- Sattelgurt runterlassen, von links locker anziehen.

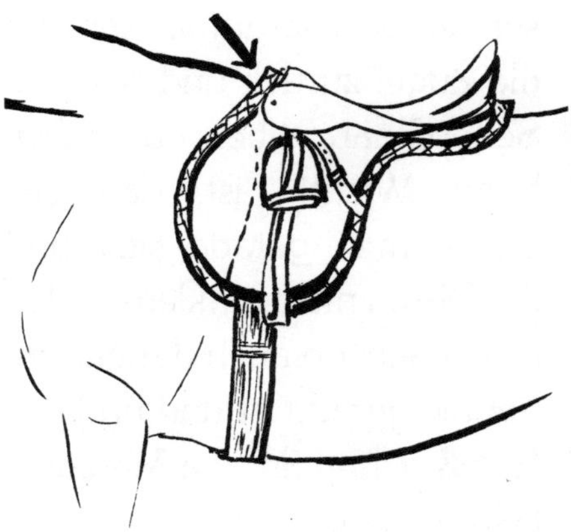

Die Sattelunterlage wird nach oben in die Sattelkammer hochgezogen.

Wie wird das Pferd **getrenst?**

Ich stelle mich auf seine linke Seite, halte dabei Kopfstück, Zügelschnalle und Nasenriemen der Trense in der rechten

Hand und lege den Handballen über die Nase des Pferdes. Meine linke Hand schiebt das Trensengebiß ins Maul.

Wie beendest du das Trensen?

Ich schiebe das Genickstück über die Ohren, lasse den Nasenriemen herunter, schiebe die Zügel zurück und lege die Schopfhaare über das Stirnband. Wichtig ist, daß der Stirnriemen gerade sitzt und die Ohren nicht einklemmt. Ich sehe nach, ob auch der Nasenriemen gerade ist und und das Gebiß richtig an den Maulwinkeln anliegt, ohne diese in die Höhe zu ziehen.

Oben: Auftrensen

Rechts: Auftrensen eines Pferdes, das sich sträubt

Wonach richtet sich die Lage des Nasenriemens?

Nach der Höhe der Maulspalte: Zwischen der unteren Kante des Nasenriemens und dem oberen Nüsternrand soll beim Hannoverschen Reithalfter ein Zwischenraum von ungefähr drei Fingern Breite sein.
Bei geschlossenem Kinnriemen darf das Gebiß nicht hochgezogen werden. Ein zu tief liegender Nasenriemen dagegen kann die Atmung behindern.

Wie soll der Kinnriemen geschnallt sein?

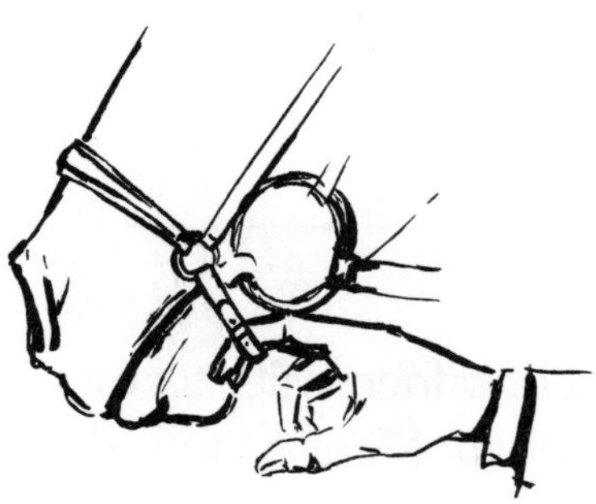

Zwischen Kinnriemen und Kinn müssen zwei flach angelegte Finger Platz haben. Ist er zu eng geschnallt, behindert er die Maultätigkeit. Ein zu weiter Kinnriemen verleitet das Pferd zum Maulaufsperren, wodurch es sich den Paraden des Reiters entzieht.

Wie wird der Kehlriemen geschnallt?

So, daß eine Handbreit Luft bleibt. Ein zu enger Kehlriemen spannt, wenn das Pferd am Zügel geht.

Erinnerst du dich an die wichtigsten Punkte beim Auftrensen?

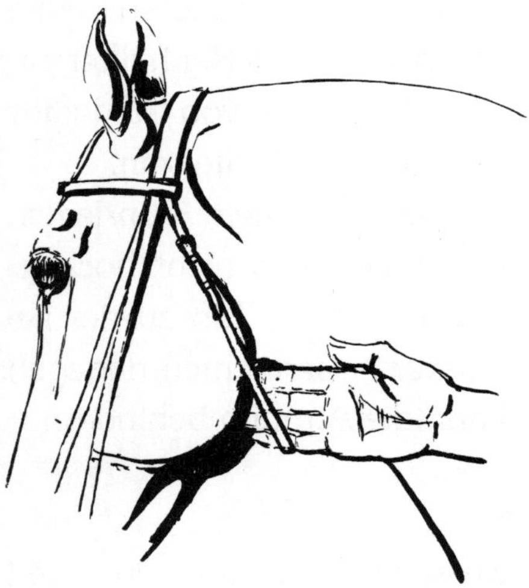

Der Kehlriemen wird so lang geschnallt, daß eine Handbreit Platz bleibt.

- Ich gehe auf die linke Seite des Pferdes.
- Kopfstück, Zügelschnalle sowie Nasenriemen halte ich in der rechten Hand.
- Ich lege den Handballen über die Pferdenase, die linke Hand schiebt das Trensengebiß ins Maul.
- Genickstück über die Ohren ziehen, Nasenriemen herunterlassen.
- Zügel zurückschieben und Schopfhaare über das Stirnband legen.
- Der Stirnriemen muß gerade sein, ohne die Ohren einzuklemmen!

Tip

Wenn das Pferd sein Maul nicht öffnen will, steckst du den Daumen in die zahnlose obere Maulspalte – dann wird es sein Maul aufmachen!

Tip

Wenn dein Pferd dazu neigt, beim Auftrensen wegzulaufen, legst du ihm das Halfter wie einen Halsriemen um. Wie du dabei vorgehst, kannst du auf der Zeichnung unten sehen.

Das zu einem Halsriemen geschnallte Halfter hindert dein Pferd am Weglaufen.

- Nachsehen, ob auch der Nasenriemen gerade ist und und das Gebiß richtig an den Maulwinkeln anliegt, ohne diese in die Höhe zu ziehen.
- Lage des Nasenriemens kontrollieren: Zwischen seiner unteren Kante und dem oberen Nüsternrand muß ein Zwischenraum von ungefähr drei Fingern sein.
- Verschnallen des Kinnriemens: Zwischen ihm und dem Kinn muß Platz für zwei flach angelegte Finger sein.
- Verschnallen des Kehlriemens so, daß eine Handbreit Luft bleibt.

Worauf achtest du beim **Absatteln** und **Abtrensen?**

Abgesattelt und abgetrenst wird in umgekehrter Reihenfolge wie beim Aufsatteln und -trensen. Das Trensengebiß wird abgewaschen. Ich achte dabei darauf, daß das Lederzeug nicht naß wird![1]

4. Hilfsmittel

Welche Hilfsmittel gibt es beim Reiten?

Ausbinder, Stoßzügel, Dreieckszügel, Martingal, Gerte und Sporen.

Was ist die gemeinsame Bezeichnung für Ausbinder, Stoßzügel und Martingal?

Hilfszügel.

Was sind Ausbinder?

Ausbinder sind zwei Riemen (am besten aus Leder), die durch einen Gummiring oder ein kräftiges Gummiband in der Mitte elastisch sind.

---

1 Genaueres hierzu findest du in: P. und W. Hölzel, Das eigene Pferd, Stuttgart 1991

Wozu braucht man Ausbinder?

Für das Longieren und für Pferde, die unter Anfängern gehen.

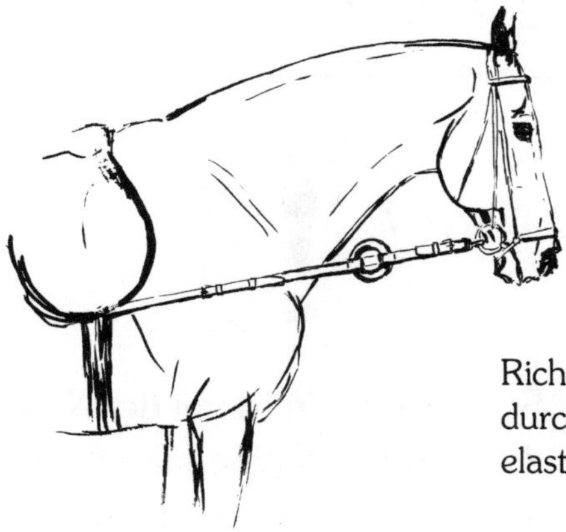

Richtig verschnallte Ausbinder, die durch einen Gummiring in der Mitte elastisch sind

Weshalb werden Pferde unter Anfängern meist ausgebunden?

Der Anfänger, der sein Pferd noch nicht an den Zügel reiten kann, kommt dadurch besser zum Sitzen. Dadurch werden auch die Pferde im Rücken geschont.

Wie werden die Ausbinder eingeschnallt?

Sie verlaufen vom Sattelgurt zu den Trensenringen. Damit sie nicht zu weit nach unten rutschen, werden sie nur in die vordere Hälfte des Sattelgurts eingeschnallt. An den Trensenringen schnalle ich sie unterhalb der Zügel ein.

Weißt du, daß ...

... das Pferd beim Longieren auf einem Zirkel um den Longenführer herumläuft? Pferde werden vor allem zu Beginn ihrer Ausbildung, aber auch immer wieder im weiteren Ausbildungsverlauf sowie beim Voltigieren und unter Reitanfängern longiert. Richtiges Longieren ist nicht einfach und will gelernt sein.

Wie lang sollten die Ausbinder geschnallt sein?

So, daß das Pferd mit der Nase deutlich (etwa eine Handbreit) vor der Senkrechten gehen kann.

Führst du dein Pferd bereits ausgebunden in die Reitbahn?

Nein, ich muß die Ausbinder beim Führen stets hochschnallen!

Was ist ein Stoßzügel?

Der Stoßzügel ist nur **ein** Ausbinder, der zwischen den Vorderbeinen hindurch verläuft und am Sattelgurt festgemacht ist. Sein anderes Ende wird in einen festen Steg zwischen den Trensenringen geschnallt.

Wird mit Ausbindern oder Stoßzügeln auch gesprungen? Begründe deine Meinung.

Nein, denn das Pferd muß beim Springen ausreichend Halsfreiheit haben.

Stoßzügel mit festem Steg zwischen den Trensenringen

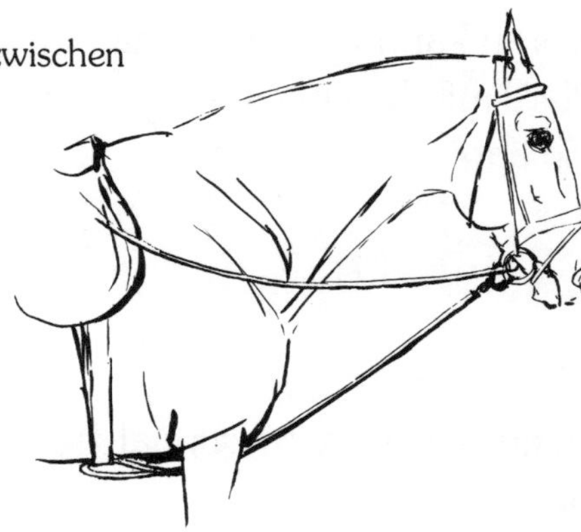

Was ist ein Martingal?

Das Martingal besteht aus einem Riemen, der am Sattelgurt befestigt ist, zwischen den Vorderbeinen hindurch verläuft und sich vor der Brust des Pferdes in zwei Riemen teilt. Am Ende der beiden Riemen befinden sich zwei Ringe, durch die die Zügel hindurchlaufen.

Richtig geschnalltes Martingal

Wozu braucht man ein Martingal?

Für Pferde, die mit dem Kopf nach oben schlagen.

Woran kann es liegen, daß ein Pferd mit dem Kopf nach oben schlägt?

Das Pferd kann von seinem Körperbau oder seinem Temperament her schwierig sein. Meist ist es ungenügend ausgebildet.

Wann wird ein Martingal benutzt?

Beim Springen und im Gelände.

Wozu wird ein Dreieckszügel benutzt?

Zum selben Zweck wie Ausbinder und Stoßzügel.

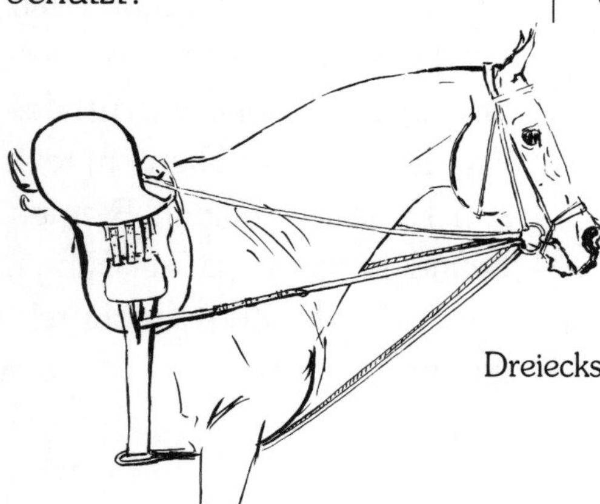

Dreieckszügel

Wozu ist die Gerte da?

Zur Unterstützung des vorwärtstreibenden Schenkels.

?	!
Was ist ihre korrekte Länge?	Die Dressurgerte ist 1,20 bis 1,40 Meter lang, die Springgerte 75 Zentimeter.
Wo wirkt die Dressurgerte ein?	Dicht hinter dem treibenden Schenkel.
Wo setzt man die Springgerte ein?	An der Schulter des Pferdes.
Weshalb ist es wichtig, daß die Springgerte nicht oben aus der Reiterfaust hervorragt?	Weil sich der Reiter sonst mit ihrem Ende ins Gesicht stoßen könnte.
Wozu verwendet man Sporen?	Um die Wirkung des Schenkels zu verstärken und zu verfeinern.
Wo werden sie angeschnallt?	Oberhalb des Absatzes. Ein Reiter mit langen Beinen schnallt sie am oberen Rand der Stiefelkappe an, ein Reiter mit kurzen Beinen weiter unten zum Absatz hin.

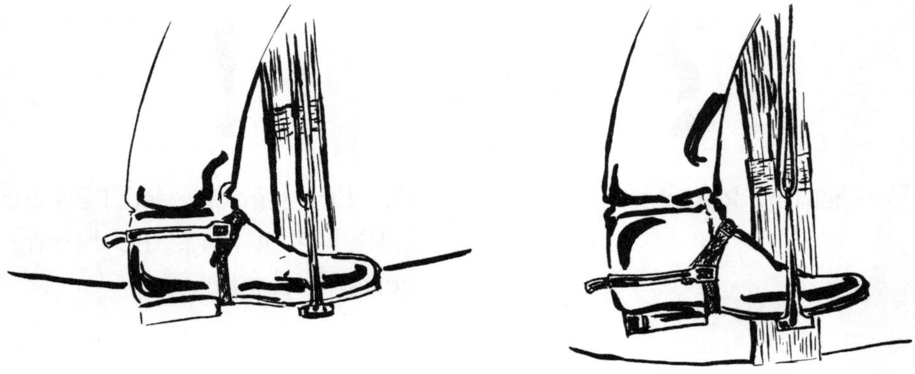

Ein Reiter mit langen Beinen schnallt die Sporen am oberen Rand der Stiefelkappe an, ein Reiter mit kurzen Beinen weiter unten zum Absatz hin.

Bandagieren

Wann kannst du zum erstenmal Sporen tragen?

Wenn mein Sitz so weit gefestigt ist, daß ich meine Fußhaltung jederzeit unter Kontolle habe.

Welchen Zweck haben Bandagen?

Sie geben den Pferdebeinen Halt und schützen vor Stauchungen, Prellungen und anderen Verletzungen.

Worauf achtest du besonders, wenn du eine Bandage anlegst?

Damit sie sich während des Ritts nicht lösen kann, verknote ich die Bänder richtig und sorgfältig.

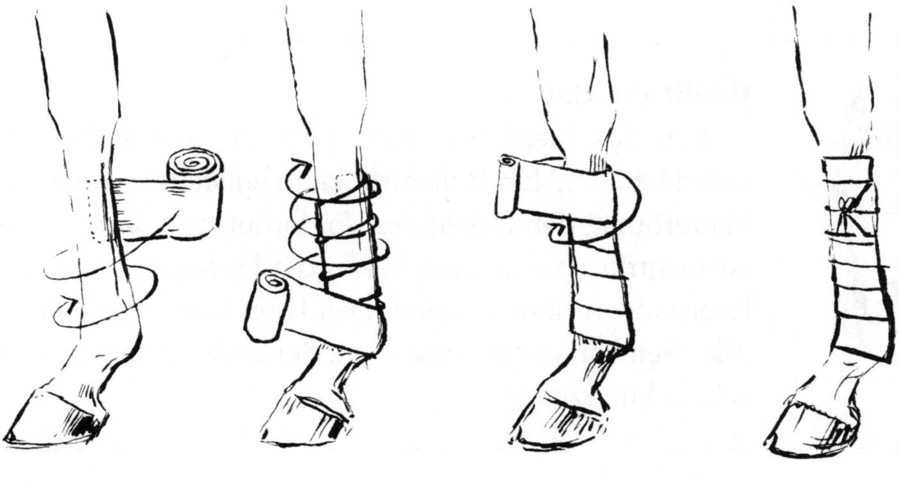

?	!
Gibt es andere Möglichkeiten, die Bandagen zu befestigen?	Ja, Klettverschlüsse und Elastik-Sicherheitsverschlüsse.
Was kann man außer Bandagen zum Schutz der Beine verwenden?	Leder- und Kunststoffgamaschen.
Worauf ist bei ihnen zu achten?	Daß sie in Größe und Form passen.
Wozu dienen Sprungglocken?	Zum Schutz der Vorderbeine vor Kronen- und Ballentritten, die vor allem in tiefem Boden beim Landen nach dem Sprung entstehen können.

Weißt du, daß …

… sich das Pferd bei einem Kronen- oder Ballentritt selbst verletzt? Ein Ballentritt kann entstehen, wenn ein Hinterhuf in den Ballen des Vorderhufs tritt. Von einem Kronentritt spricht man, wenn die Hufkrone oder der Kronrand verletzt werden. Das kann beim Rückwärts- oder Seitwärtsgehen passieren. Beide Verletzungen sind sehr schmerzhaft.

5. Die Pflege des Lederzeugs

Wo soll das Lederzeug aufbewahrt werden?

Möglichst nicht im Stall, sondern in einer Sattelkammer. Der Stalldunst würde dem Leder schaden, außerdem könnten Pferde, die sich losgemacht haben, großen Schaden anrichten.

Wie wird das Lederzeug gereinigt und gepflegt?

Es wird mit Sattelseife und einem feuchten Schwamm gesäubert, dazu einmal in der Woche mit Lederfett eingefettet. Den Teil des Sattels, der mit der Reithose in Berührung kommt, behandle ich nur mit

---

Tip

Die gründliche Pflege des Lederzeugs dient der Sicherheit. Stell dir nur mal vor, was passieren kann, wenn beispielsweise im Galopp ein Steigbügelriemen reißt! Lederpflege kann übrigens richtig Spaß machen, wenn du dir diese Aufgabe zusammen mit einer Freundin oder mit deiner ganzen Reitergruppe vornimmst!

Sattelseife. Wildleder rauhe ich lediglich mit einer dafür vorgesehenen Bürste auf.

Weshalb sind richtige Aufbewahrung und sorgfältige Pflege des Lederzeugs so wichtig?

Leder, das nicht gründlich gepflegt und richtig aufbewahrt wird, kann schnell brüchig werden und damit meine Sicherheit und die des Pferdes gefährden! Außerdem ist die Anschaffung des Lederzeugs sehr teuer.

Anforderungen im Reiten

Auf- und Absitzen, Nachgurten, Verschnallen der Bügel

Wenn es in deiner Reitschule ein **Holzpferd** gibt, so kannst du daran das Auf- und Absitzen so lange üben, bis es klappt wie im Schlaf. Das Aufsitzen auf ein echtes Pferd und auch das Zügelaufnehmen lernst du natürlich zuerst an der Longe. Dein Reitlehrer wird dir dabei helfen.

Wenn du nun zum erstenmal ohne Longe reitest, mußt du vieles allein tun. Ruf dir also noch einmal ins Gedächtnis, worauf es ankommt!

Du hast dein Pferd in die Reitbahn geführt und ordnungsgemäß aufgestellt. Was tust du nun vor dem eigentlichen Aufsitzen?

Ich stehe auf der linken Seite und ziehe den Sattelgurt nach, damit ich nicht mitsamt Sattel unter den Pferdebauch rutsche! Beim Nachgurten klemme ich den linken Zügel in die linke Ellenbogenbeuge, damit das Pferd nicht weglaufen kann.

Wie werden die Steigbügel verpaßt?

Nachdem ich die Bügel heruntergezogen habe, verpasse ich

Verpassen der Steigbügel vom Boden aus

sie, indem ich den Bügel unter die Achsel nehme und den Bügelriemen bei ausgestrecktem Arm bis zu den Fingerspitzen ziehe. Die Schnalle am Bügelriemen schiebe ich ganz nach oben, damit sie später nicht drücken kann.

Verpassen der Steigbügel vom Sattel aus: Wenn du dabei beide Hände brauchst, hängst du die Zügel in die Armbeuge.

Wie verschnallst du die Bügel vom Sattel aus?

Ich halte an und nehme die Zügel in eine Hand: beim Verschnallen rechts in die linke und umgekehrt.

Was machst du, wenn du dabei einmal beide Hände brauchst?

Ich hänge die Zügel in die Armbeuge.

Was ist unbedingt Voraussetzung dafür?

Daß mein Pferd ruhig stehenbleibt.

Wo befindet sich dein Fuß beim Verschnallen?

Immer im Steigbügel.

Wie geht es dann weiter?

Ich ziehe zuerst die Schnalle etwa zwei Handbreit heraus, nehme den Dorn aus dem Loch im Bügelriemen und verkürze oder verlängere diesen.

Zum Verschnallen des Steigbügelriemens ziehst du zuerst die Schnalle etwa zwei Handbreit heraus.

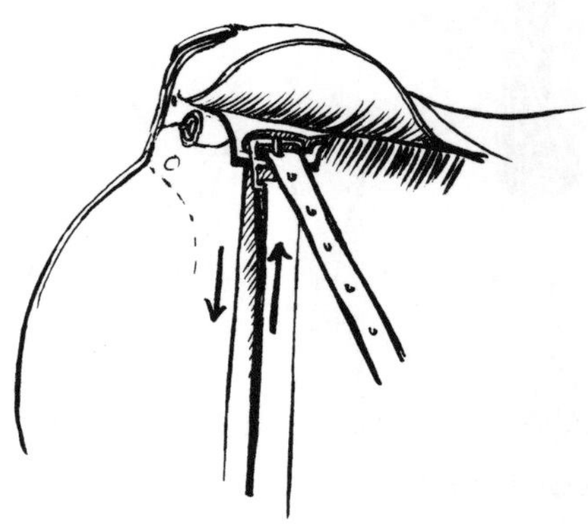

Zum Schluß ziehst du die Schnalle wieder ganz nach oben.

Du hast nun die Löcher abgezählt. Was tust du dann?

Ich drücke den Dorn ins entsprechende Loch und schiebe die Schnalle wieder nach oben.

Erfolgt das Nachgurten nur vor dem Aufsitzen?

Nein, nach einigen Minuten im Schritt muß ich vom Sattel aus erneut den Sattelgurt nachziehen.

Wie wird vom Sattel aus nachgegurtet?

Man streckt beim Schrittreiten das linke Bein etwas nach vorn, hebt den Oberschenkel an und zieht den Gurt von oben aus nach. Der Fuß bleibt dabei im Bügel.

Nachgegurtet wird im Schritt, der Fuß bleibt dabei im Bügel.

Tip

Auch hier hilft es dir, wenn du dir alle Einzelheiten vorher klarmachst und auch nachher noch einmal einprägst, indem du sie dir möglichst genau vorstellst. Dafür ist ja dieses Buch da! Sieh auch anderen Reitern beim Auf- und Absitzen zu.

Wie hält man die Zügel zum Aufsitzen?

Sie werden beide in die linke Hand genommen, und zwar so, daß sie anstehen, also eine Verbindung zum Pferdemaul hergestellt ist.

Zum Aufsitzen hältst du die Zügel so, daß eine Verbindung zum Pferdemaul besteht.

Wie verhältst du dich, wenn dein Pferd nicht ruhig stehenbleibt?

Ich stelle es zuerst wieder hin und sage in bestimmtem Ton „Haalt!“. Dann beginne ich erneut mit dem Aufsitzen. Mein Pferd muß dabei absolut gehorsam stehen.

Was tust du, wenn das Pferd trotz aller Bemühungen wieder wegläuft?

Ich probiere nicht länger herum, sondern bitte jemanden, mir das Pferd zu halten.

Wie sitzt du auf?

Ich stelle mich mit dem Rükken zum Pferdekopf, hebe den linken Fuß in den Steigbügel und achte dabei darauf, daß die Fußspitze sich nicht in den Pferdeleib bohrt! Die linke Hand faßt mit den Zügeln über die Sattelkammer (Vorderzwiesel), die rechte greift an den Sattelkranz (Hinterzwiesel).

Du achtest beim Aufsitzen darauf, daß sich die Fußspitze nicht in den Pferdeleib bohrt!

Wie geht es dann weiter?

Mit dem rechten Bein stoße ich mich kräftig ab und schwinge es über die Kruppe.

Worauf achtest du dabei besonders?

Daß mein Bein die Kruppe nicht berührt.

Nimm dein Bein so hoch, daß es die Kruppe nicht berührt!

Weshalb solltest du möglichst weich in den Sattel gleiten?

Damit ich dem Pferd nicht unangenehm in den Rücken plumpse.

Was tust du anschließend?

Mit dem rechten Fuß nehme ich nun den rechten Bügel auf. Anfangs darf ich dabei ruhig Hand und Augen zu Hilfe nehmen, bis es später, nach etwas Übung, auch „blind“ klappt.

Jetzt sitzt du im Sattel und hast beide Bügel aufgenommen. Was kommt als Nächstes?

Ich setze mich aufrecht in Normalhaltung hin und nehme die Zügel auf.

Wie würdest du die wichtigsten Punkte beim Aufsitzen zusammenfassen?

- Mit den Zügeln Verbindung halten.
- Das Pferd muß ruhig stehen.
- Weich in den Sattel gleiten.
- Sofort rechten Bügel aufnehmen.

Du setzt dich weich in den Sattel, nimmst die Steigbügel und die Zügel auf.

Was tust du als erstes **vor dem Absitzen** am Schluß einer Stunde?

Ich nehme zuerst **beide Füße aus den Bügeln**.

Wieso ist das so wichtig?

Weil ich sonst mit dem linken Fuß im Bügel festhänge, falls das Pferd erschrickt, wegläuft oder zur Seite springt.

Wie beschreibst du das Absitzen?

Ich stütze die Hände über der Sattelkammer (Vorderzwiesel) auf, schwinge das rechte Bein über die Kruppe, ohne diese zu berühren, und lasse mich nach links heruntergleiten. Dabei federe ich weich in den Knien ab.

Vor dem Absitzen nimmst du zuerst beide Füße aus den Bügeln.

Nach dem Absitzen schiebst du die Bügel hoch, lockerst den Sattelgurt und stellst dich zum Führen neben dem Pferd auf.

Tip

Du kannst die einzelnen Vorgänge beim Auf- und Absitzen wesentlich schneller und gründlicher lernen, wenn du sie dir, etwa zu Hause, in ein paar ruhigen Minuten noch einmal genauso vorstellst, als ob du sie wirklich ausführen würdest. Sag dabei laut, was du tun willst!

?	!
Weshalb ist es wichtig, weich abzufedern?	Weil ich mir bei einem zu harten Aufsetzen ordentlich weh tun könnte.
Was tust du zum Schluß?	Ich schiebe die Bügel hoch, lockere den Sattelgurt und stelle mich zum Führen neben dem Pferd auf.
Faß noch einmal die Hauptpunkte beim Absteigen zusammen.	• Beide Bügel loslassen. • Weich auf dem Boden aufsetzen. • Bügel hochschieben. • Gurt lockern.

Der Sitz des Reiters

1. Der Dressur- oder Grundsitz

Der hier beschriebene Dressursitz wird auch Grundsitz genannt, weil er die Grundlage für alle anderen Sitzarten ist. Er ist das Ziel, das du anstrebst und das du deshalb stets vor Augen haben solltest. Du wirst dieses Ziel nicht auf Anhieb und in allen Einzelheiten erreichen können, aber es gibt einige Schwerpunkte, auf die du dich konzentrieren kannst. Wichtig ist vor allem, daß du das Vorbild des korrekten Sitzes vor dir siehst und ihm nacheiferst.

Schau so oft wie möglich guten Reitern zu.

Tip

Schau so oft wie möglich guten Reitern zu, aber erkundige dich bei einem Fachmann beziehungsweise einer Fachfrau, ob das, was du da siehst, wirklich so vorbildlich ist. Sieh dir auf Turnieren, auf Videos oder im Fernsehen Dressurprüfungen an, und häng dir ein Bild von einem gut sitzenden Reiter an die Wand.

Welche Punkte sind die Grundlagen des Dressursitzes?

Die beiden Gesäßknochen und der Spalt, die tief und möglichst weit vorgerückt im Sattel liegen müssen. Bei normalem Geradeausreiten wird das Gewicht des Reiters gleichmäßig auf diese drei Punkte verteilt.

Was weißt du über die Haltung von Oberkörper, Schulterblättern und Kopf?

Der Oberkörper soll bei leicht zurückgenommenen Schulterblättern eine Senkrechte bilden. Der Reiter hält seinen Kopf aufrecht und blickt geradeaus.

Wie sollten Arme und Hände gehalten werden?

Die Oberarme sollten senkrecht und zwanglos herunterfallen, die Ellenbogen locker an der Hüfte anliegen und Unterarm, Handrücken und Zügel eine gerade Linie zum Pferdemaul bilden. Die Fäuste sind fest geschlossen und stehen aufrecht, der Daumen wird dachförmig aufgesetzt.

Was kannst du über die ideale Lage der Beine sagen?

Die Oberschenkel des Reiters liegen gestreckt und flach am Sattel, die Knie werden so tief wie möglich gehalten, und die Unterschenkel werden so weit zurückgenommen, daß Schulter, Hüfte und Absatz eine senkrechte Linie bilden (Normalhaltung).

Beim Dressursitz bilden Schulter, Hüfte und Absatz eine senkrechte Linie (Normalhaltung).

Tip

Du darfst dir ruhig darüber klar sein, daß der hier beschriebene Sitz eine Idealform ist, der du erst im Laufe der Zeit und nach viel Übung und Mühe näherkommen wirst. Zudem kann es leichte Abweichungen von dieser Form geben, die zum Beispiel durch Eigenheiten im Körperbau von Reiter und Pferd bedingt sind.

?	!
Was ist bei der Fußhaltung wichtig?	Der tiefste Punkt des Reiters ist der Absatz, der etwa einen Fingerbreit tiefer als die Fußspitze sein soll; die Fußspitzen zeigen nur leicht nach außen.
Was ist noch wichtiger als die korrekte äußere Form des Sitzes?	**Losgelassenheit** und **Geschmeidigkeit** des Reiters.
Welche Gelenke müssen beim Reiten locker und entspannt sein?	Die folgenden sechs Gelenke: Schulter, Ellenbogen, Handgelenk, Hüftgelenk, Knie und Fußgelenk.

Beim Pferd ist der Rücken die Grundlage, so etwas wie der Motor seiner Bewegungen. Was ist die entsprechende Körperpartie beim Reiter?

Die Mittelpositur, also das „Kreuz“ oder Hüftgelenk. Mit diesem Gelenk schwingt der Reiter mit der Bewegung des Pferderückens nach vorn mit, so daß sein Gesäß geschmeidig am Sattel haftet („klebt“).

Kennst du eine besonders fehlerhafte – und häßliche – Haltung des Oberkörpers?

Wenn man sieht, wie sich die schwingende Bewegung des Pferderückens durch die ganze Wirbelsäule des Reiters bis ins Genick fortsetzt. Er sitzt dann mit unruhigem Oberkörper und vorgeneigtem, wackelndem Kopf.

Wie sieht es dagegen aus, wenn die Bewegung durch die schwingende Mittelpositur aufgefangen wird?

Wir sehen das an einem losgelassenen, gerade bleibenden Oberkörper.

Warum ist der ruhige, schmiegsame Sitz so wichtig?

Weil nur so eine richtige Hilfengebung, also das Einwirken auf das Pferd und die Verständigung mit ihm, möglich ist.

Zur Wiederholung:

?	!
Welche Punkte sind die Grundlage des Dressursitzes?	Grundlage sind drei Punkte: Spalt und beide Gesäßknochen, die tief und möglichst weit vorgerückt im Sattel liegen sollen. Auf diese Punkte ist das Gewicht des Reiters beim normalen Geradeausreiten gleichmäßig verteilt.
Was sind die wesentlichen Merkmale des korrekten Grund- oder Dressursitzes?	Schulter, Hüfte und Absatz sollten eine senkrechte Linie, Unterarm, Handgelenk und Zügel eine gerade Linie zum Pferdemaul bilden.
Was ist noch wichtiger als die korrekte äußere Form des Sitzes?	Losgelassenheit und Geschmeidigkeit des Reiters.
Welches Gelenk ist dabei besonders entscheidend?	Das Hüftgelenk (die Mittelpositur).

Tip
Wenn du verstanden hast, warum der gute Sitz die wichtigste Voraussetzung für gutes Reiten ist, macht es dir weniger Mühe, dich anzustrengen. Du willst sicher die notwendige Grundlage erwerben, um einmal einen Riesenspaß an deinem Sport zu haben!

2. Das Leichttraben

Wie unterscheidest du das **Leichttraben** vom **Grundsitz** im Trab?

Beim Leichttraben stehe ich bei jedem zweiten Tritt im Sattel auf, während ich beim Grundsitz im Sattel sitzen bleibe, also aussitze.

Kannst du genauer beschreiben, was du beim Leichttraben machst?

Ich hebe mein Gesäß aus den Bügeln heraus bei jedem zweiten Tritt aus dem Sattel, schiebe dabei Gesäß und Hüften gut nach vorne und gleite beim nächsten Tritt weich und geschmeidig in den Sattel zurück.

Wie hoch hebst du dein Gesäß dabei aus dem Sattel?

Ich hebe mein Gesäß nur so weit aus dem Sattel, wie es die Bewegung des Pferderückens, der sogenannte „Wurf“, notwendig macht.

Warum spricht man von **Leichttraben?**

Wir sprechen von **Leicht**traben, weil dabei die Gewichtseinwirkung des Reiters auf Rücken und Gelenke des Pferdes erleichtert wird und weil diese Form des Trabens auch für den Reiter eine Erleichterung ist.

Leichttraben

Warum trabt man leicht?

Um das Pferd (und auch die eigene Muskulatur) zu lösen und es zu entlasten.

Wann wird leichtgetrabt?

Am Anfang jeder Stunde zum Lösen, im Gelände, mit jungen oder mit rückenempfindlichen Pferden.

Auf welchem Hinterfuß wird in der Reitbahn leichtgetrabt?

Es wird immer auf dem inneren Hinterfuß leichtgetrabt (siehe Seite 147).

Kannst du das beschreiben?

Ich muß immer dann mit dem Gesäß in den Sattel kommen, wenn der innere, der Bahnmitte zugewandte Hinterfuß (zusammen mit dem diagonalen Vorderbein) auffußt.

Was heißt **Fußwechsel** beim Leichttraben?

Beim Hinsetzen wechsle ich den Hinterfuß, setze mich also zum Beispiel beim Auffußen des linken statt des rechten Hinterfußes in den Sattel.

Tip

Da du das am Anfang nicht unbedingt fühlen kannst, darfst du dir dadurch helfen, daß du kurz auf die äußere, der Bande zugewandte Schulter heruntersiehst: Du stehst dann im Sattel auf, wenn die äußere Schulter deines Pferdes vorgeht, hebst dich also gleichzeitig mit der Vorwärtsbewegung der äußeren Pferdeschulter aus dem Sattel.

?	!
Wie wechselst du den Fuß?	Indem ich einmal aussitze (mich „werfen“ lasse) und dann weiter leichttrabe.
Wo wechselst du in der Reitbahn den Fuß?	Am jeweiligen Wechselpunkt, zum Beispiel beim Wechseln durch die halbe und die ganze Bahn eine Pferdelänge (drei Schritte) vor dem Erreichen des neuen Hufschlags.
Ist das Fußwechseln auch im Gelände wichtig, und warum?	Ja, weil ich sonst einseitig nur einen Hinterfuß belaste.

Wann wechselst du im Gelände den Fuß?

In regelmäßigen Abständen, so daß ich beide Hinterfüße gleichmäßig belaste.

Wie kannst du die wichtigsten Punkte beim Leichttraben kurz zusammenfassen?

- Bei jedem zweiten Tritt im Sattel aufstehen.
- Es dient der Entlastung des Pferderückens.
- In der Reitbahn immer auf dem jeweils inneren Hinterfuß leichttraben.
- Fußwechsel immer beim Handwechsel.
- Im Gelände Fußwechsel in gleichmäßigen Abständen.

3. Springsitz oder leichter Sitz

Warum und wann reitet man im leichten Sitz?

Um den Rücken des Pferdes und auch den eigenen zu entlasten. Im Galopp bei **höherem Tempo** und im **Gelände** sowie im **Parcours** wird im leichten Sitz geritten.

Leichter Sitz

Weißt du, daß ...
... man einen Springplatz mit künstlichen Hindernissen als Parcours bezeichnet? Im Gegensatz dazu besteht ein Naturkurs im Gelände aus natürlichen Hindernissen.

Was ist die Voraussetzung für das Erlernen des leichten Sitzes?

Ich muß den Grundsitz in allen drei Gangarten beherrschen.

Was weißt du über die **Bügellänge** im leichten Sitz?

Die Bügel sind zwei bis drei Loch kürzer als im Grundsitz, damit das Knie fester am Sattel liegen kann. Das Gewicht ruht im Knieschluß und in den Steigbügeln.

Kennst du weitere Merkmale des leichten Sitzes?

Mein Gesäß nehme ich leicht aus dem Sattel – aber nur so weit, als wollte ich einem Reißnagel ausweichen! Der Oberkörper befindet sich leicht (zwei bis vier Fingerbreit an den Schultern) vor der Senkrechten. Die Hände schmiegen sich unterhalb vom Mähnenkamm elastisch an den Pferdehals.

Wie sitzt du, wenn du zulegen oder das Tempo aufnehmen willst?

Dabei kommt mein Gesäß, in Verbindung mit der aktiven Gewichtseinwirkung, wieder in den Sattel.

Wann ist das der Fall?

Vor und nach jedem Sprung und vor jeder Ecke oder Wendung.

Faß kurz zusammen, was für den leichten Sitz wichtig ist.

- Er wird zur Entlastung des Pferderückens bei höherem Tempo im Galopp eingenommen.
- Die Bügel sind zwei bis drei Loch kürzer geschnallt.
- Das Gesäß ist leicht aus dem Sattel, der Oberkörper leicht vor die Senkrechte genommen.
- Die Hände schmiegen sich dabei unterhalb des Mähnenkamms an den Pferdehals.

Tip

Denk beim Üben des leichten Sitzes daran, daß du ihn für das spätere Reiten im Gelände brauchst – oder träumst du nicht auch davon, einmal unbeschwert auszureiten?

Warum heißt der leichte Sitz auch Springsitz?

Weil er beim Springen eingenommen wird und unbedingte Voraussetzung dafür ist.

Worauf achtest du, wenn dein Pferd den **Sprung** willig **anzieht?**

Wegen des höheren Tempos nehme ich den Oberkörper entsprechend nach vorn. Meine Hände gehen dabei am Hals vor, um dem Pferd eine größere Streckung zu ermöglichen, sie dürfen jedoch die Verbindung zum Pferdemaul nicht aufgeben.

So sitzt du, wenn dein Pferd den Sprung willig anzieht.

Was tust du, wenn dein Pferd den Sprung **nicht anzieht?**

Ich setze mich aufrecht in den Sattel, damit ich mit dem Kreuz energisch nachtreiben kann. Eventuell helfe ich mit der Gerte nach, indem ich mit ihr aus dem Handgelenk heraus an die Schulter des Pferdes klopfe.

Wie verhältst du dich beim **Absprung?**

Beim Absprung geht der gerade bleibende **Oberkörper** aus der Hüfte heraus nach vorwärts-abwärts in die Bewe-

Sitz über dem Sprung

Tip

Sieh fortgeschrittenen Reitern beim Springen zu, sooft es möglich ist. Es lohnt sich auch, eine Einzelstunde zu nehmen, um den Springsitz gleich richtig zu erlernen.

gung und bildet fast eine Parallele zum Pferderücken. Die **Hände** geben am Pferdehals Richtung Maul so viel nach, daß sich das Pferd bei gleichmäßiger Verbindung zur Hand genügend strecken kann.

Wie liegen **Unterschenkel** und **Absatz** beim Absprung?

Ich trete meine Absätze nach vorn durch, damit die Unterschenkel nicht zurückrutschen.

Weshalb ist dies so wichtig?

Damit ich mein Gewicht beim Landen weich im Steigbügel und mit den Knien auffangen kann.

Worauf achtest du beim **Landen** außerdem?

Ich sitze wieder aufrecht im Sattel, sobald das Pferd mit allen vier Beinen den Boden berührt hat.

Was mußt du für das Springen können und wissen?

- Voraussetzung ist, daß ich den leichten Sitz beherrsche.
- Vor dem Sprung Oberkörper nach vorn, Hände am Hals vor, ohne die Verbindung zum Pferdemaul aufzugeben.
- Wenn das Pferd den Sprung nicht anzieht: aufrecht sitzen zum Nachtreiben.
- Beim Absprung: Oberkörper nach vorwärts-abwärts in die Bewegung, Hände geben am Pferdehals in Richtung Maul nach.
- Absätze nach vorn durchtreten, Unterschenkel am Platz halten.
- Beim Landen: im Sattel aufrichten, wenn das Pferd mit allen vier Beinen den Boden berührt.

Die Reitbahn: Dressurviereck, Hufschlagfiguren, Bahnordnung

1. Das Dressurviereck

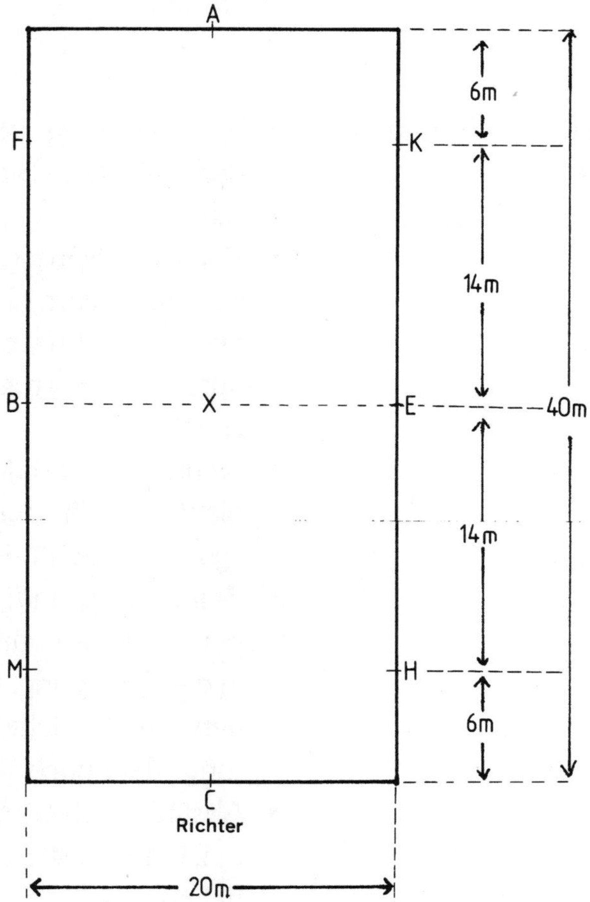

Das kleine Dressurviereck (20 x 40 Meter)

2. Die Hufschlagfiguren

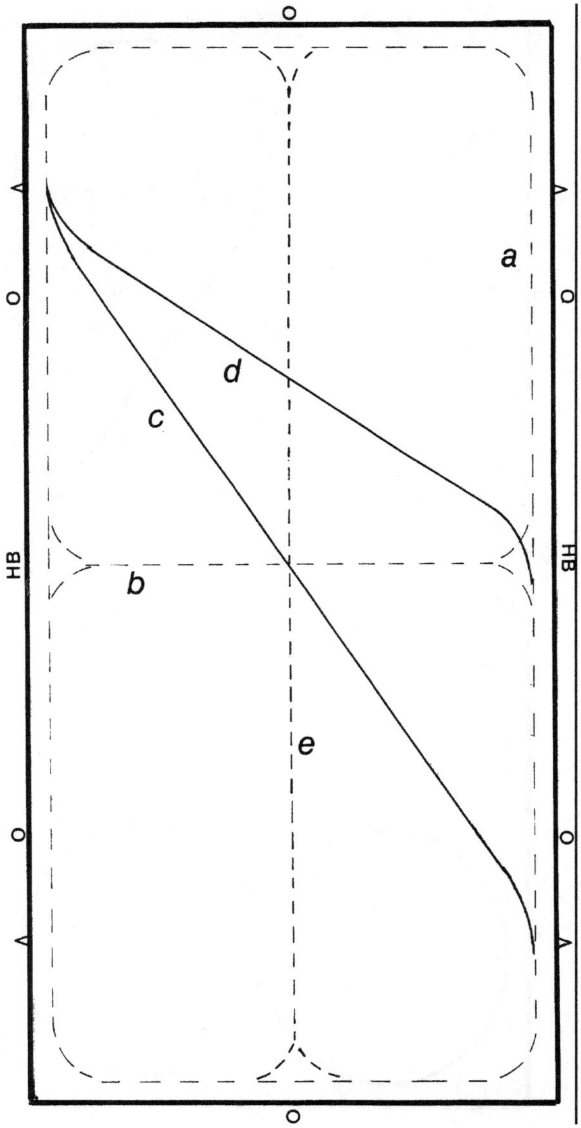

a Ganze Bahn
b Halbe Bahn
c Durch die ganze Bahn wechseln
d Durch die halbe Bahn wechseln
e Durch die Länge der Bahn wechseln

Die Hufschlagfiguren

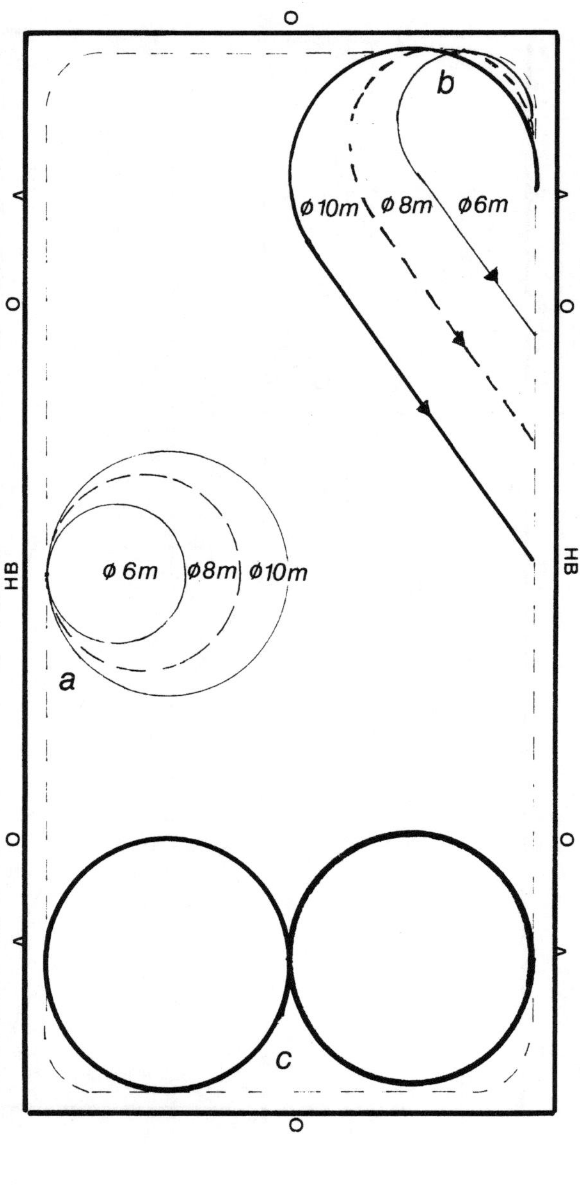

a Volten
b Kehrtwendungen aus der Ecke
c Die Acht

Die Hufschlagfiguren

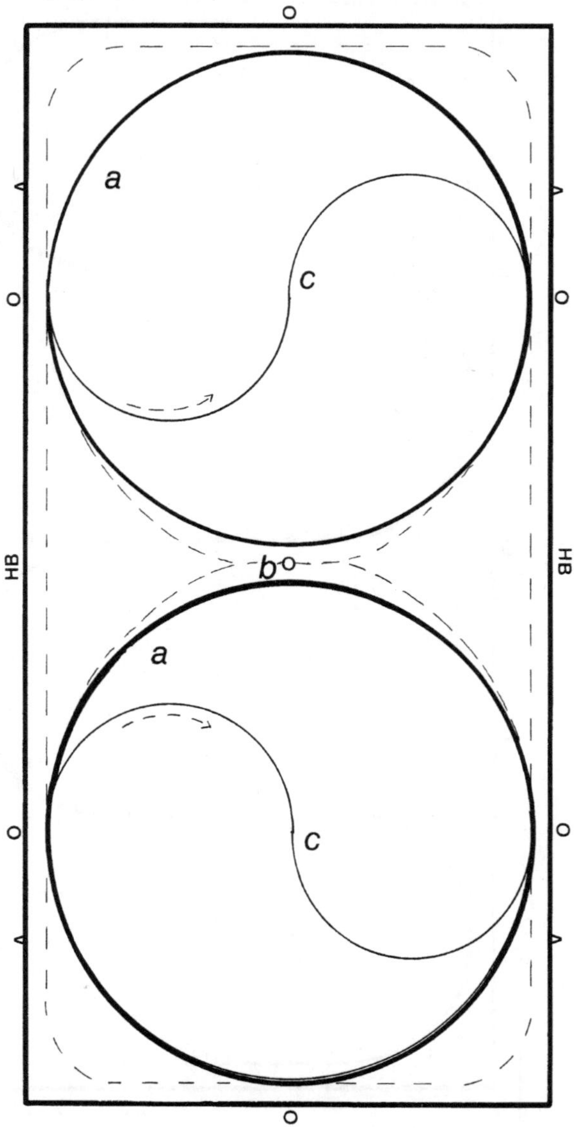

a Zirkellinie
b Aus dem Zirkel wechseln
c Durch den Zirkel wechseln

Die Hufschlagfiguren

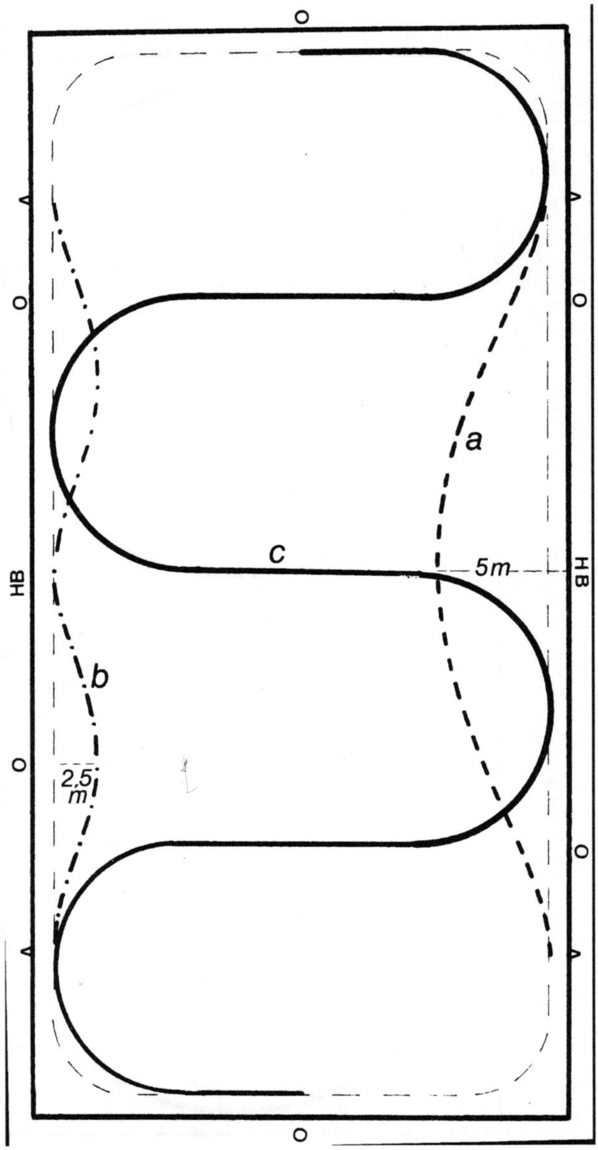

a Einfache Schlangenlinie
b Doppelte Schlangenlinie
c Schlangenlinie durch die ganze Bahn (4 Bogen)

Tip

Folgende Eselsbrücke kann dir helfen, dir die Reihenfolge der Bahnbuchstaben zu merken: Du gehst im Uhrzeigersinn von C aus (dort sitzen bei Prüfungen die Richter) und sagst dir folgenden Satz auf: **M**ein **B**ester **F**reund **A**nton **K**ann **E**ssen **H**olen!

3. Die Bahnordnung

Warum mußt du die Regeln der Bahnordnung kennen und einhalten?

Weil dadurch Störungen und gefährliche Situationen vermieden werden.

Was mußt du beim Betreten und beim Verlassen der Reitbahn beachten?

Bevor ich die Türe öffne, rufe ich **„Tür frei!“** und warte ab, bis ein Mitreiter dies mit der Antwort „Ist frei!“ bestätigt.

Wo stellst du dein Pferd zum **Auf- oder Absitzen** auf, und warum?

An der Mittellinie, weil ich dort die anderen am wenigsten störe.

An welchem Punkt der Mittellinie solltest du dein Pferd nicht aufstellen, wenn du als einzelner Reiter in die Bahn kommst?

Bei X und nahe bei X.

Weißt du, weshalb?

Damit die Zirkellinien für die anderen Reiter frei bleiben.

Tip

Wie im Straßenverkehr gilt auch in der Reitbahn eine feste „Verkehrsordnung“, nämlich die Bahnordnung. Sie besteht aus sinnvollen Regeln, die sich bewährt haben. Sie dienen dazu, gefährliche Situationen, unnötiges und plötzliches hartes Durchparieren, Ärger und Störungen zu vermeiden.

Welcher Punkt eignet sich am besten zum Auf- und Absitzen?

Die Mitte des Zirkels.

Wenn du im Winter anfangs mit Jacke reitest und dein Pferd die Decke aufbehält: Was tust du, wenn du nach der Erwärmung beides auf der Bande ablegen möchtest?

Ich rufe „Bitte Bande frei!" (oder „Hufschlag frei!") und vergewissere mich vor dem Anhalten auf dem Hufschlag, daß ich niemanden behindere. Dasselbe gilt natürlich, wenn ich Jacke und Decke am Ende der Stunde wieder abhole!

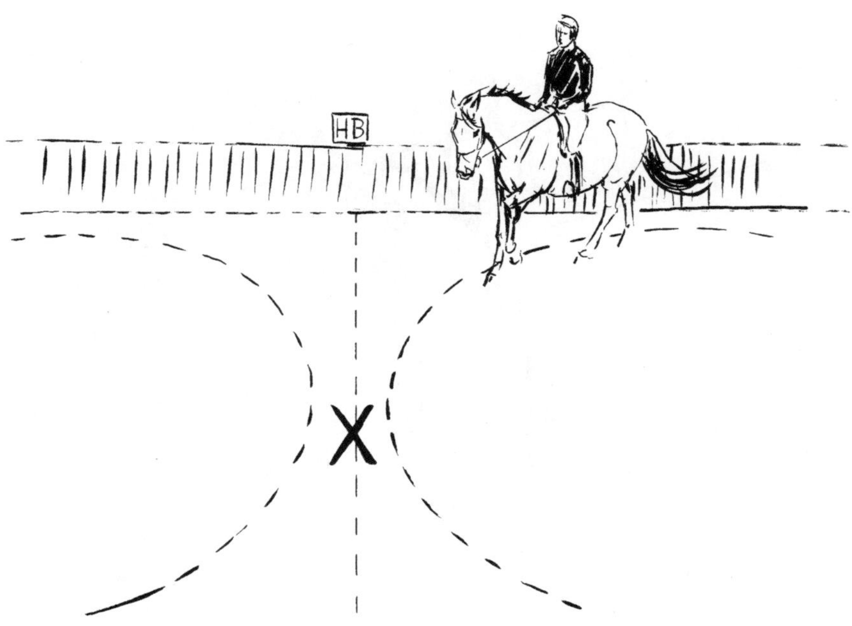

Zum Auf- und Absitzen eignet sich am besten die Mitte des Zirkels. Die Zirkellinien sollen für die anderen Reiter frei bleiben.

Wie groß muß der Sicherheitsabstand zu anderen Pferden sein?

Mindestens eine Pferdelänge, das heißt drei Schritte beziehungsweise circa zweieinhalb Meter. Dies gilt als seitlicher Abstand und nach vorne von Pferd zu Pferd (vom Kopf zum Schweif).

Wohin gehst du zum **Schrittreiten, Halten** oder **Rückwärtsrichten?**

Auf den **dritten** Hufschlag.

Zum Schrittreiten, Halten oder Rückwärtsrichten gehst du auf den dritten Hufschlag.

Warum genügt es nicht, auf den zweiten Hufschlag zu gehen?

Weil dabei der seitliche Sicherheitsabstand nicht eingehalten wird.

Worauf achtest du außerdem, bevor du auf den dritten Hufschlag gehst?

Ich muß mich vergewissern, daß ich dabei keinen anderen Reiter störe.

Wer hat „Vorfahrt“, wenn zwei Reiter auf verschiedenen Händen ganze Bahn reiten?

Es weicht immer der nach innen aus, der auf der rechten Hand reitet. **Linke Hand hat also „Vorfahrt“.**

Linke Hand hat „Vorfahrt“ auf dem Hufschlag.

Gilt das auch, wenn einer auf dem Zirkel reitet?

Nein, der Reiter auf dem Zirkel muß für diejenigen, die ganze Bahn reiten, den Hufschlag frei lassen.

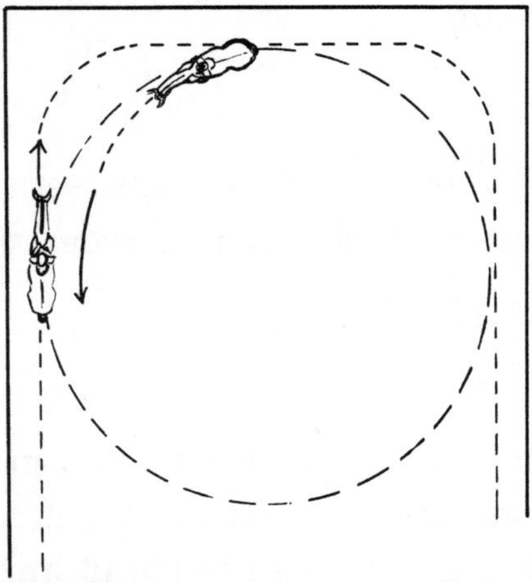

Der Reiter auf dem Zirkel muß für diejenigen, die ganze Bahn reiten, den Hufschlag frei lassen.

Welche Grundregel wird hier angewendet?

Ganze Bahn hat immer „Vorfahrt“ vor Zirkel oder Wechsellinie.

Was mußt du beim Ausweichen beachten?

Daß ich keinen anderen störe und daß ich dem Reiter, der auf dem äußeren Hufschlag reitet, nicht den seitlichen Sicherheitsabstand nehme.

Was verändert sich, wenn mehr als drei Reiter in der Bahn sind?

Dann sollte auf einer Hand geritten werden. Der Älteste oder Erfahrenste gibt dabei die Aufforderung zum **Handwechsel**.

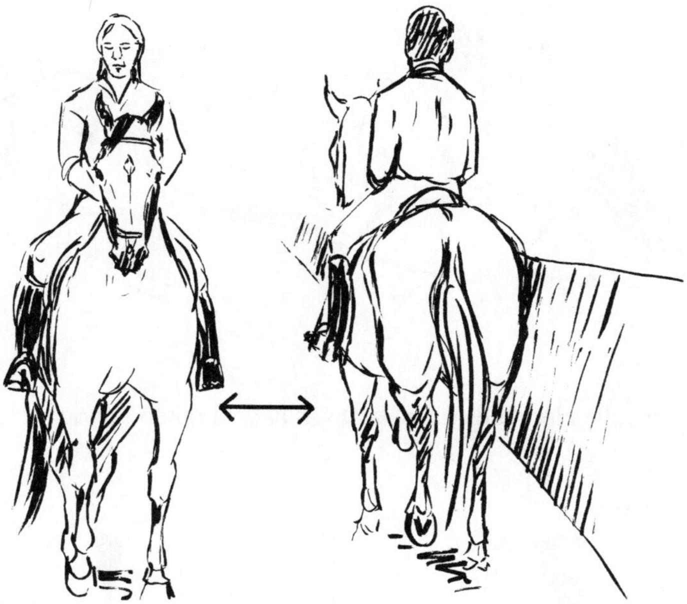

Beim Ausweichen nach innen mußt du darauf achten, daß du dem anderen Reiter nicht seinen seitlichen Sicherheitsabstand nimmst.

Was kannst du tun, wenn das Durcheinander zu bunt wird und keiner von sich aus „Handwechsel“ anordnet?

Ich bitte einen entsprechenden Reiter höflich darum.

Wenn nun auf einer Hand geritten wird – wer hat nach der Aufforderung zum Handwechsel „Vorfahrt“?

Es bleiben die Reiter auf dem Hufschlag, die schon die Hand gewechselt haben. Die Reiter, die den Handwechsel noch nicht ausgeführt haben, weichen ins Bahninnere aus.

Die Reiter, die die Hand bereits gewechselt haben, reiten auf dem Hufschlag.

Gilt das auch für die Reiter, die noch auf der (alten) linken Hand reiten?

Ja, auch sie müssen den Reitern ausweichen, die bereits die Hand gewechselt haben.

Ist **Longieren** erlaubt, wenn Reiter in der Bahn sind?

Ja, aber nur mit dem Einverständnis aller anwesenden Reiter.

Wann sollte man es auf keinen Fall tun?

Wenn Unterricht gegeben wird und wenn mehr als drei Reiter in der Bahn sind.

Gibt es ähnliche Regeln auch für das **Springen?**

Ja, dieselben wie für das Longieren.

Wofür hat derjenige zu sorgen, der Hindernisse aufbaut?

Daß alle Hindernisteile nach dem Springen wieder aufgeräumt beziehungsweise aus der Reitbahn entfernt werden.

Würdest du strikt auf der Bahnordnung beharren, wenn du schon etwas fortgeschrittener bist und allein mit einem unsicher wirkenden Anfänger in der Bahn reitest?

Nein, ich würde ihm anbieten, daß er in jedem Fall auf dem Hufschlag bleiben kann.

Wieso ist das gerechtfertigt?

Weil ich in diesem Fall auf einen Schwächeren Rücksicht nehme und dabei keinen anderen behindere.

Tip

Nimm dir vor, die Bahnordnung genau kennenzulernen und einzuhalten. Und nimm Rücksicht auf andere! Das dient nicht nur der Sicherheit aller, sondern trägt auch zu einem angenehmen und fairen sportlichen Klima bei.

Worauf mußt du achten, wenn du einmal die Gerte benutzen mußt?

Ich achte vor allem darauf, daß ich dadurch keine anderen Reiter störe oder gar gefährde!

Darfst du deine Mitreiter darum bitten, dir kurz die Mittellinie oder eine Diagonale frei zu lassen, wenn du sie für eine bestimmte Lektion brauchst?

Ja, wenn ich sie in freundlichem Ton frage, werden sie Verständnis dafür haben.

Praktische Aufgaben

Allgemeine Bedingungen für das Kleine und das Große Hufeisen

Die Bedingungen für das Kleine und das Große Hufeisen sind im Merkblatt für Prüfer der FN (siehe Anhang) aufgeführt. Hier werden nur die wichtigsten Punkte genannt:

- Kinder, die das Kleine beziehungsweise das Große Hufeisen ablegen, sollten sich mindestens im Grundschulalter befinden, also wenigstens sieben Jahre alt sein.
- Während beim Kleinen Hufeisen die reitpraktische Prüfung in Form eines Reiterwettbewerbs erfolgt, wird beim Großen Hufeisen die Prüfung in Anlehnung an einen Dressurreiter-Wettbewerb durchgeführt.[1]
- Es sollten nicht mehr als acht Teilnehmer pro Reitgruppe sein.
- Folgende Hilfszügel sind erlaubt:
  - Ausbindezügel
  - Stoßzügel
  - Dreieckszügel
  - Martingal
- Bei der Verwendung eines Stoßzügels sollte dieser an einem Verbindungssteg zwischen den beiden Trensenringen befestigt werden.

---

1 Vergleiche LPO, S. 67 f.

- Da die Verwendung der oben genannten Hilfszügel gestattet ist, darf hierfür kein Abzug von der Wertnote vorgenommen werden.
- In der Teilprüfung Springen ist nur die Verwendung des Martingals erlaubt.
- Jugendliche unter 18 Jahren müssen beim Springen (wie auch beim Geländereiten) eine Kappe mit Dreipunktbefestigung tragen.

Die Anforderungen für das Kleine Hufeisen

- Kinder und Jugendliche sind zur Prüfung zugelassen, wenn sie im laufenden Kalenderjahr nicht älter als 16 Jahre werden.
- Verlangt wird „Hintereinanderherreiten, Bahndisziplin, gegebenenfalls (dies ist also freigestellt!) Reiten über Cavalettis, um Tonnen oder Ständer". Es kann auch Einzelreiten gefordert werden.

1. Die Aufgabe

Die im folgenden vorgeschlagene Aufgabe enthält den höchstmöglichen Schwierigkeitsgrad, da das Reiten über Cavalettis sowie um Tonnen oder Ständer zwar vorkommen *kann,* aber nicht verlangt werden *muß.*

Linke Hand Im Schritt hintereinander gehen (in der vorher geübten Reihenfolge).
Auf die Mittellinie gehen und halten (mit drei Schritt Zwischenraum). Grüßen.
(Danach gibt jeder Reiter seinen Namen an. Bei einer größeren Anzahl von Prüfungskandidaten sollten Nummern am Arm oder auf dem Rücken die Arbeit der Prüfer erleichtern.)

Linke Hand Im Mittelschritt anreiten, auf die linke Hand gehen (1mal herum).

Im Arbeitstempo antraben, leichttraben (1mal herum).
Auf den Zirkel gehen. Aussitzen – im Arbeitstempo angaloppieren (1mal herum). Arbeitstrab, leichttraben.

Rechte Hand Aus dem Zirkel wechseln. Aussitzen – im Arbeitstempo angaloppieren (1mal herum).
Arbeitstrab ganze Bahn. Durchparieren zum Schritt und dann zum Halten.
Die Bügel um zwei Loch verkürzen. Im Mittelschritt anreiten und dann im Arbeitstempo antraben, leichttraben und über vier Cavalettis (niedrigste Höhe) traben.

Linke Hand Durch die ganze Bahn wechseln. An der nächsten langen Seite einfache Schlangenlinie um drei Tonnen oder Kegel.
Durchparieren zum Schritt. Auf die Mittellinie gehen. Grüßen.

Tip

Es kann sein, daß du sehr aufgeregt bist, und das ist vor einer Prüfung durchaus normal. Nimm dir vor, so zu reiten wie immer. Du hast schließlich fleißig geübt und weißt, daß du der Aufgabe gewachsen bist. Sag dir: „Ich kann das!" Selbst wenn einmal etwas nicht klappt, ist das gar nicht schlimm. Vergiß es, und reite einfach weiter. Pferde sind nun einmal Lebewesen! Und dein Prüfer weiß auch, daß es Prüfungsangst gibt. Außerdem kennst du ja die Entspannungsübung, mit der du dir helfen kannst (siehe Seite 14/15)!

---

2. Die Besprechung der Aufgabe

Linke Hand Reite im **Schritt** auf den Platz in der Gruppe, den du auch beim Üben hattest. Achte darauf, daß du von jetzt an immer deinen Sicherheitsabstand von mindestens einer Pferdelänge (drei Schritt) einhältst.

Zum **Aufmaschieren** wendet der erste Reiter im rechten Winkel zur Mittellinie ab. Er pariert zum Halten durch, wenn die Nase des Pferdes in Höhe der Mittellinie ist. Der nächste Reiter wendet drei Schritte später ab und richtet sich nach dem Anfangsreiter aus.

Dasselbe gilt für alle folgenden Reiter, die lieber etwas früher zum Halten kommen sollten und dann in halben Schritten auf Seitenrichtung in die Höhe des ersten Reiters vorrücken, anstatt über die Mittellinie hinauszureiten.

Zum **Grüßen** werden beide Zügel in die linke Hand genommen. Die Mädchen lassen dabei den rechten Arm zwanglos herabhängen und neigen leicht den Kopf; die Jungen nehmen ohne Kopfneigung die Reitkappe mit der rechten Hand ab, wobei die Öffnung der Kappe bei gesenktem Arm zum Stiefelschaft gerichtet ist.

Korrekter Gruß eines männlichen Reiters. – Mädchen und Frauen behalten die Kappe auf, neigen leicht den Kopf und lassen den rechten Arm zwanglos herabhängen.

Tip
Nutze nicht nur das Schrittreiten, sondern auch die Strecken im Trab, in denen nichts Besonderes verlangt wird, dazu aus, deinen Sitz zu überprüfen: Fühle deinen Körper durch und kontrolliere dabei dein Gefühl in den Hüftgelenken, in Armen und Händen sowie in der Haltung von Beinen und Fußgelenken!

Nach der entsprechenden Aufforderung reiten alle Reiter gerade auf die Bande zu und machen eine Pferdelänge vor dem Hufschlag gleichzeitig linksum.
Du reitest jetzt eine Runde **Mittelschritt.** Das bietet dir eine gute Möglichkeit, um dich richtig hinzusetzen. Fühle deinen Körper von oben nach unten durch. Spüre vor allem, wie du dich aus den Hüftgelenken heraus weich in die Schrittbewegung einschmiegst.
Nach der Aufforderung zum **Antraben** trabst du sofort an. Durch einen Blick auf die äußere Schulter des Pferdes kontrollierst du, ob du auf dem richtigen Fuß leichttrabst. Du überprüfst auch den Abstand zum Vordermann. Ist der **Abstand viel zu groß** geworden, so kürzt du die lange Seite ab, indem du links- oder rechtsum machst und im rechten Winkel gerade auf die gegenüberliegende lange Seite zureitest (siehe Zeichnung auf Seite 134).
Droht dagegen der **Abstand zu klein** zu werden, so fängst du das Tempo auf und reitest etwas tiefer in die Ecken. Du weißt ja, daß Aufreiten den Vorderreiter stört und auch gefährlich sein kann.

Kontrolliere, ob du auf dem richtigen Fuß leichttrabst.

Nach der Anweisung, auf den **Zirkel** zu gehen, reitest du nicht mehr in die Ecken hinein. Du versuchst, einen gleichmäßig runden Zirkel zu reiten, wobei du nur an den Zirkelpunkten auf den Hufschlag kommst und über den Mittelpunkt (X) reitest.

Weißt du, daß ...

...die Ausdrücke „linksum machen" und „rechtsum machen" bedeuten, daß man im rechten Winkel nach links beziehungsweise nach rechts abwenden soll? Wie so vieles in der Reitersprache stammen auch diese Begriffe aus der Zeit der Kavallerie, also der berittenen militärischen Truppen.

Weißt du, daß ...

... man von falschem Galopp spricht, wenn ein Pferd im Außengalopp geht, obwohl der Reiter es auf der inneren Hand angaloppieren wollte? Erst in fortgeschritteneren Klassen kann der Außengalopp als eigene Übung verlangt werden, er ist in diesem Fall also nicht mehr „falsch". Immer falsch ist dagegen der sogenannte Kreuzgalopp, bei dem das Pferd mit den Hinterbeinen rechts und mit den Vorderbeinen links galoppiert – oder umgekehrt. Der Kreuzgalopp fühlt sich für den Reiter sehr unharmonisch an.

Bereite im Aussitzen dein Pferd rechtzeitig zum **Angaloppieren** vor: nach innen stellen, Parade am äußeren Zügel und nach der Aufforderung möglichst sofort an das Sitzen im Galopp denken! Je nach Temperament des Pferdes forderst du es mehr oder weniger energisch zum Angaloppieren auf. Wenn du spürst, daß dein Pferd sich unharmonisch anfühlt, weil es im falschen Galopp ist, so parierst du zum Trab und galoppierst neu an.

Beim **Durchparieren zum Arbeitstrab** nimmst du dir vor, mit der Parade durchzukommen, also nicht steckenzubleiben. Du sagst dir: „Hintreiben zu beiden stehenden Händen, etwa eine Sekunde lang." Dann beendest du die Parade, indem du mit den Händen leichter wirst und aufhörst, aktiv zu treiben. In Kurzform: „Hin (treiben), einundzwanzig (etwa eine Sekunde), leichter (nachgeben, die Parade beenden)." Noch einmal: „Hin – leichter."

Tip
Beginne mit dem Durchparieren so früh wie möglich – und nicht erst, wenn dein Vordermann bereits trabt und du fast auf ihn aufreitest! Gib lieber mehrere feine Paraden als eine stärkere oder gar grobe. Vielleicht weißt du ja vom Üben her, wann die Anweisung zum Trab kommt, so daß du dein Pferd rechtzeitig darauf vorbereiten kannst.

Beim **Leichttraben** kontrollierst du sofort wieder, ob du auf dem richtigen Fuß trabst. Beim Wechseln aus dem Zirkel **wechselst du den Fuß** beim Reiten über den Mittelpunkt, also bei X. Zum Fußwechseln läßt du dich einmal „werfen".

Rechte Hand Den **Zirkel** legst du auch auf der rechten Hand so gleichmäßig rund an wie auf der linken. Du achtest also darauf, daß du nur an den Zirkelpunkten kurz auf den Hufschlag kommst. Auch das Angaloppieren bereitest du wieder im Aussitzen vor und denkst dabei daran, wie sich das Sitzen im Rechtsgalopp anfühlt.

Auf die entsprechende Aufforderung hin parierst du genauso wie oben beschrieben zum **Trab** durch. Sobald danach **ganze Bahn** geritten wird, versuchst du, die Ecken wieder auszureiten.

Beim **Durchparieren zum Schritt** denkst du noch einmal bewußt an deinen Sicherheitsabstand. Nach dem Durchparieren zum Halten stellst du dein Pferd zuerst ruhig hin und schnallst dann die Steigbügel zwei Löcher kürzer (siehe Seite 78). Nach dem Antraben trabst du leicht. Beim Anreiten auf die **Cavalettis** hältst du dein Pferd so gerade wie möglich und auf deren Mitte zu. Du gehst etwa zwei bis drei Pferdelängen vor dem ersten Cavaletti in den leichten Sitz. Du bleibst also sitzen, hebst aber dein Gesäß leicht an und federst dein Gewicht im Steigbügel und im Kniegelenk ab. Nach dem letzten Cavaletti trabst du wieder leicht.

Tip

Da die Cavalettis auf dem zweiten oder dritten Hufschlag stehen, reitest du am Ende der kurzen Seite nicht mehr in die Ecke, sondern wendest so früh ab, daß du nach dem Abwenden schon gerade auf die Mitte der Cavalettis zureitest.

Vor dem **Wechseln durch die ganze Bahn** achtest du darauf, daß du erst dann abwendest, wenn du mit dem Knie am Wechselpunkt bist. Verhindere, daß dein Pferd vorher abkürzt und dem Vorderpferd nachläuft, und denk an das Fußwechseln bei X!

Linke Hand

Beim **Reiten um die Tonnen, Kegel oder Ständer** auf der Schlangenlinie sagst du dir: „Ich muß eine Pferdelänge nach dem Verlassen des Hufschlags und eine Pferdelänge vor dem Ankommen auf dem Hufschlag mein Pferd umstellen und den

Fuß wechseln." Kurzform: „Umstellen, Fuß wechseln."
Beim **Durchparieren zum Schritt** achtest du auf deinen Sicherheitsabstand zum Vordermann und parierst so rechtzeitig durch, daß du nicht aufreitest! Setz dich noch einmal so korrekt wie möglich in den Sattel.
Auch beim **Abwenden zur Mittellinie** hältst du den vorgeschriebenen Abstand so genau wie möglich ein, richtest dich nach dem Vorderreiter aus und paßt auf, daß du nicht über die Mittellinie hinausreitest.
Die Aufgabe ist erst mit der **Schlußaufstellung** und nach dem Gruß beendet. Also stell dein Pferd gerade und ruhig hin, und denk noch einmal an deinen Sitz. Ein guter Schluß ziert alles! Gegrüßt wird wie oben beschrieben.

Nach Beenden der Aufgabe hat dein Pferd natürlich ein Lob und im Stall eine dicke Mohrrübe verdient – auch wenn vielleicht nicht alles so gelaufen ist, wie du es dir gewünscht hättest!

Die Anforderungen für das Große Hufeisen

- Zu dieser Prüfung sind Kinder und Jugendliche zugelassen, die im laufenden Kalenderjahr nicht älter als 18 Jahre werden.
- Die Verwendung von Hilfszügeln in der Dressur ist auch beim Großen Hufeisen zulässig (siehe Seite 185).
- In der Teilprüfung Springen ist nur die Verwendung des Martingals erlaubt.

- Das dreimalige Verweigern des Pferdes führt bei Absolvierung des Großen Hufeisens nicht zum Ausscheiden. (Es ist danach wohl ein Pferdewechsel sinnvoll. *Die Verfasser*)
- Der Parcours soll dazu dienen, Kinder und Jugendliche an das Springreiten und an das Reiten im Außengelände heranzuführen. Die Anforderungen dürfen daher nicht zu hoch angesiedelt sein und die Teilnehmer auf keinen Fall überfordern.
- Die Aufgabenstellung muß eine einfache Linienführung mit einigen lösbaren Springaufgaben beinhalten. Insbesondere der korrekte leichte Sitz, die Hilfengebung und die beginnende Einwirkung sollten überprüft werden.
- Beim Großen Hufeisen wird die Prüfung in Anlehnung an einen Dressurreiter-Wettbewerb durchgeführt.[1] Das heißt: „Einzel- oder Abteilungsreiten nach Weisung der Richter in Anlehnung an die Anforderungen der Klasse E."

1. Die Dressuraufgabe

Als Beispiel wurde die abgeänderte E 1 aus dem Aufgabenheft gemäß LPO, Stand 1. 1. 1995, gewählt, die für Abteilungen mit bis zu vier Reitern bestimmt ist.

Viereck 20 x 40 Meter – Dauer etwa vier Minuten

Rechte Hand

(A)	Auf der rechten Hand im Mittelschritt Abteilung bilden (vor der kurzen Seite auf die Richter zu). Anfang rechts dreht, links marschiert auf – Marsch. Anfang – Halt (wenn der Anfangsreiter die Verbindungslinie der beiden Punkte E-B erreicht). Grüßen.

1 Vergleiche LPO, S. 67

(M-F)	Abteilung – Marsch (Mittelschritt), Abteilung – rechtsum Marsch. (An der langen Seite) Abteilung im Arbeitstempo – Trab, leichttraben.
(A-X-A-X)	Auf dem Zirkel geritten (1 1/2mal herum).
(X-C-X)	Aus dem Zirkel wechseln (1mal herum).

Linke Hand

(X-C-X)	Aussitzen, Abteilung im Arbeitstempo – Galopp – Marsch (1 1/2mal herum).
(C)	Abteilung im Arbeitstempo – Trab, ganze Bahn.
(H-K)	(An der langen Seite) Abteilung Schritt, Mittelschritt.
(F-X-H)	Durch die ganze Bahn wechseln.

Rechte Hand

(H-M)	(An der kurzen Seite) Abteilung im Arbeitstempo – Trab (1/2mal herum).
(A-X-A-X)	Auf dem Zirkel geritten und Abteilung im Arbeitstempo – Galopp – Marsch (1 1/2mal herum).
(vor A)	Abteilung im Arbeitstempo – Trab.
(A)	Ganze Bahn.
(M-F)	(An der langen Seite) Abteilung – Schritt, Mittelschritt.
(A)	(Vor der kurzen Seite auf die Richter zu) Anfang rechts dreht, links marschiert auf – Marsch. Anfang – Halt (wenn der Anfangsreiter die Verbindungslinie der beiden Punkte E-B erreicht). Grüßen.
	Im Mittelschritt anreiten, Zügel aus der Hand kauen lassen.
	Am langen Zügel die Bahn verlassen.

2. Die Besprechung der Dressuraufgabe

Tip

Wenn du vor der Prüfung aufgeregt bist, denk daran, daß du der geforderten Aufgabe gewachsen bist. Und wenn doch einmal etwas nicht klappt, mach dich und dein Pferd nicht verrückt, sondern reite einfach weiter. Dein Prüfer sieht trotz eines Patzers, was du kannst! Erinnere dich an die Entspannungsübung, die wir auf Seite 14/15 beschrieben haben – sie hilft dir auch jetzt!

Rechte Hand Reite im **Schritt** auf den Platz in der Abteilung, den du auch beim Üben hattest. Achte darauf, daß du immer deinen Abstand von einer Pferdelänge (drei Schritt) einhältst.

Wenn du am Anfang der Gruppe reiten darfst, hast du eine besondere Verantwortung für die **Abstände!** Sieh dich immer wieder nach den anderen um, und stell dein Tempo auf sie ein: Sind die Abstände zu klein, so reitest du etwas mehr vorwärts, werden sie zu groß, so nimmst du das Tempo zurück.

Zum **Aufmaschieren** wendet der erste Reiter auf das Kommando hin im rechten Winkel zur Mittellinie ab, nachdem er die zweite Ecke der kurzen Seite korrekt durchritten hat. Er pariert zum Halten durch, wenn die Nase des Pferdes in Höhe der Mittellinie ist. Der nächste Reiter wendet drei Schritte später ab und richtet sich nach dem Anfangsreiter aus.

Dasselbe gilt für alle folgenden Reiter, die lieber etwas früher zum Halten kommen sollten und dann in halben Schritten auf Seitenrichtung in die Höhe

des ersten Reiters vorrücken, anstatt über die Mittellinie hinauszureiten.
Zum **Grüßen** werden beide Zügel in die linke Hand genommen. Die Mädchen lassen dabei den rechten Arm zwanglos herabhängen und neigen leicht den Kopf; die Jungen nehmen ohne Kopfneigung die Reitkappe mit der rechten Hand ab, wobei die Öffnung der Kappe bei gesenktem Arm zum Stiefelschaft gerichtet ist.
Nach dem entsprechenden Kommando reiten alle Reiter gerade auf die Bande zu und machen eine Pferdelänge vor dem Hufschlag gleichzeitig rechtsum.
Du reitest jetzt **Mittelschritt.** Das bietet dir eine gute Möglichkeit, um dich richtig hinzusetzen. Fühle deinen Körper von oben nach unten durch. Spüre vor allem, wie du dich aus den Hüftgelenken heraus weich in die Schrittbewegung einschmiegst.

Tip
Nutze alle Phasen der Aufgabe, in denen nichts Besonderes verlangt wird, dazu aus, deinen Sitz zu überprüfen: Fühle deinen Körper durch und kontrolliere dabei, ob du wirklich in allen Gelenken locker und geschmeidig bist.

Auf das Kommando hin **trabst du sofort an.** Beim Üben und beim Abreiten hast du herausgefunden, in welchem Maß du die treibenden Hilfen bei deinem Pferd einsetzen mußt, damit es rasch reagiert. Durch einen Blick auf die äußere Schulter kontrollierst du, ob du **auf dem richtigen Fuß** leichttrabst.

Nach dem Kommando **„Auf dem Zirkel geritten!“** reitest du (nach A) nicht mehr in die Ecken hinein. Du versuchst, einen gleichmäßig runden Zirkel zu reiten, wobei du nur an den Zirkelpunkten kurz auf den Hufschlag kommst und über den Mittelpunkt (X) reitest.

Beim **Wechseln aus dem Zirkel** wechselst du den Fuß beim Reiten über den Mittelpunkt, also bei X, und stellst dein Pferd um.

Linke Hand

Bereite im Aussitzen dein Pferd rechtzeitig zum **Angaloppieren** vor: nach innen stellen, Parade am äußeren Zügel und nach dem Kommando möglichst gleich an das Sitzen im Galopp denken! Je nach Temperament des Pferdes forderst du es mehr oder weniger energisch zum Angaloppieren auf.

Wenn du spürst, daß dein Pferd sich unharmonisch anfühlt, weil es im falschen Galopp ist, so parierst du zum Trab und galoppierst neu an.

Beim **Durchparieren zum Arbeitstrab** (bei C) nimmst du dir vor, mit der Parade durchzukommen, also nicht steckenzubleiben. Du sagst dir: „Hintreiben zu beiden stehenden Händen, etwa eine Sekunde lang.“ Dann beendest du die Parade, indem du mit den Händen leichter wirst und aufhörst, aktiv zu treiben. In Kurzform: „Hin (treiben), einundzwanzig (etwa eine Sekunde), leichter (nachgeben, die Parade beenden).“ Noch einmal: „Hin – leichter.“

Tip

Beginne mit dem Durchparieren so früh wie möglich, und gib lieber mehrere feine Paraden als eine stärkere oder gar grobe.

Nach der Mitte der kurzen Seite (C) wird **ganze Bahn** geritten: Du reitest also die Ecken wieder aus.

Beim **Durchparieren zum Schritt** überprüfst du nochmals deinen Abstand zum vorderen Reiter. Das gilt für die ganze Aufgabe! Ist der **Abstand viel zu groß** geworden, so kürzt du die lange Seite ab, indem du links- oder rechtsum machst und im rechten Winkel gerade auf die gegenüberliegende lange Seite zureitest.

Droht dagegen der **Abstand zu klein** zu werden, fängst du das Tempo auf und reitest etwas tiefer in die Ecken. Du weißt ja, daß Aufreiten den Vorderreiter stört und auch gefährlich sein kann.

Bei zu groß gewordenem Abstand kürzt du die lange Seite ab, machst links- oder rechtsum und reitest im rechten Winkel auf die gegenüberliegende Seite zu.

Du reitest jetzt **Schritt** und wechselst durch die ganze Bahn. Das bietet dir wieder eine gute Möglichkeit, um dich richtig hinzusetzen. Fühle deinen Körper von oben nach unten durch. Achte einmal besonders darauf, ob deine Waden wechselseitig im Schrittrhythmus treiben. Kontrolliere auch deine Fußgelenke: Sind sie locker und beweglich?

Rechte Hand Auch nach dem **Antraben** setzt du dich korrekt hin und überprüfst dein Gefühl im Hüftgelenk: Schwingst du aus der Hüfte heraus im Trabtakt weich mit?

Den **Zirkel** (nach A) legst du auch auf der rechten Hand so gleichmäßig rund an wie auf der linken. Du achtest also darauf, daß du nur an den Zirkelpunkten kurz auf den Hufschlag kommst. Auch das Angaloppieren bereitest du wieder im Aussitzen vor und denkst dabei daran, wie sich das Sitzen im Rechtsgalopp anfühlt.

Auf die entsprechende Aufforderung hin parierst du genauso wie oben beschrieben zum **Trab** durch. Sobald danach **ganze Bahn** geritten wird, versuchst du, die Ecken wieder auszureiten.

An der nächsten langen Seite (M–F) parierst du auf die Aufforderung dazu weich und mit passendem Abstand zum Mittelschritt.

Danach macht der Anfangsreiter auf das Kommando hin von der kurzen Seite (bei A) rechtsum, der nächste Reiter eine Pferdelänge später und so weiter. Alle halten so an, daß die Pferde mit den Nasen an der Linie von B zu E (also von HB-Punkt zu HB-Punkt) stehen.

Die Aufgabe ist erst mit der **Schlußaufstellung** und nach dem Gruß beendet. Also stell dein Pferd gerade und ruhig hin und denk noch einmal an deinen Sitz. Ein guter Schluß ist wichtig für den Gesamteindruck! Gegrüßt wird wie oben beschrieben.

Nach Beenden der Aufgabe hat dein Pferd ein Lob und im Stall eine dicke Mohrrübe verdient!

3. Das Springen

Neben dem Dressurreiten wird beim Großen Hufeisen das Reiten im Außengelände/auf dem Außenplatz einschließlich des Reitens über Cavalettis oder kleine Sprünge in Anlehnung an einen Springreiter-Wettbewerb verlangt.[1] Das heißt: „Absolvieren von Hindernisfolgen und Parcoursausschnitten, verbunden mit reiterlichen Aufgaben nach Weisung der Richter in Anlehnung an die Anforderungen der Klasse E."

Die Anforderungen

Als Beispiel für die Prüfung haben wir einen kombinierten Parcours mit Cavalettis und Hindernissen ausgewählt. Bei der Linienführung sind nur großrahmige Wendungen vorgesehen. Von Hindernis zu Hindernis wird dem Reiter jeweils ungefähr eine halbe Bahnrunde Zeit gelassen.
Die Cavalettis und das erste Hindernis mit einer Vorlegestange auf der Diagonalen werden aus dem Trab überwunden. Aus dem Galopp wird auf der linken Hand an der langen Seite ein kleiner Doppelsprung mit einem Galoppsprung dazwischen verlangt. Das Trabhindernis und das erste Hindernis des Doppelsprungs bestehen aus gekreuzten Stangen. Beide Hindernisse sind deshalb am leichtesten in der Mitte zu springen.

---

1 Vergleiche LPO, S. 68

Nach dem Doppelsprung wird Mitte der kurzen Seite wieder zum Trab durchpariert. Du reitest von der anderen Hand über die Cavalettis und dann durchs Ziel.
Die Hindernisse sollten circa 30 bis 60 Zentimeter hoch sein. Innerhalb dieses Bereichs wird in keiner Bestimmung der FN ein genaueres Maß angegeben.
Die Maße der Abstände sind bei Ponys entsprechend ihrer Größe zu verringern.

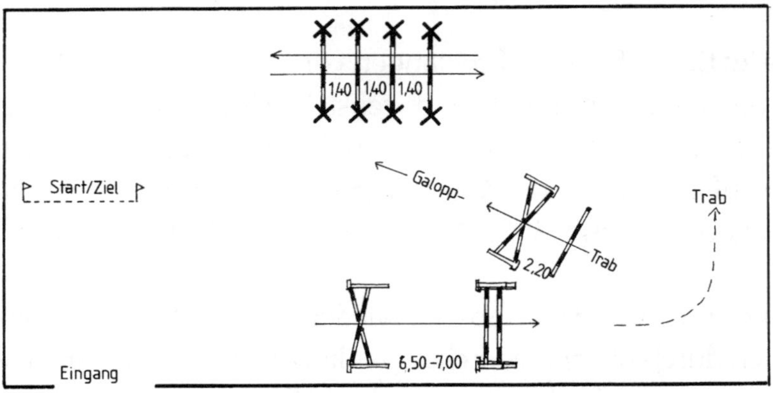

Parcoursvorschlag für das Große Hufeisen

4. Die Besprechung des Parcours

Zum **Grüßen** (siehe Besprechung der Dressuraufgabe) reitest du im Trab zur angegebenen Stelle. Danach gehst du vor der Startlinie auf der rechten Hand im Leichttraben auf den Zirkel, bis das Zeichen zum Start gegeben wird. Du hast kontrolliert, ob du auf dem richtigen Fuß leichttrabst. Du hast auch deine **Zügel nachgefaßt und passend gemacht.** Wenn du eine Springgerte hast, hältst du sie so in der Hand, daß nur noch der Knauf oben herausschaut.
Nach dem Startzeichen reitest du auf der rechten Hand im frischen **Arbeitstrab** über die Startlinie und dann gerade auf die Mitte der

Tip

Die Strecken zwischen den Hindernissen lassen dir genügend Zeit, um deinen Sitz zu überprüfen. Nutze diese Gelegenheit! Fühle deinen Körper durch: Sind Hände, Oberkörper, Bein- und Fußhaltung in Ordnung?

Cavalettis zu. Einige Pferdelängen vor dem ersten Cavaletti beendest du das Leichttraben und gehst in den leichten Sitz. Dabei nimmst du den Oberkörper etwas nach vorne, verlagerst dein Gewicht auf Oberschenkel, Knie und Steigbügel, also weniger auf die Gesäßknochen, und läßt mit den Händen die Dehnung des Halses zu.

Nach den Cavalettis trabst du wieder leicht, reitest geradeaus, ordentlich durch die beiden Ecken der kurzen Seite und wendest, wie im Training zuvor, auf die Diagonale ab. Du reitest den **Trabsprung** gerade an und hältst auf die Mitte der Vorlegstange zu.

Aus der Erfahrung vorangegangener Springstunden weißt du, ob du **vor dem Hindernis treiben** oder lediglich **still sitzenbleiben** mußt. Nach dem Landen hinter dem ersten Sprung galoppierst du weiter und kontrollierst, ob du im richtigen Galopp bist.

Tip

Wenn du spürst, daß du im falschen Galopp bist, parierst du wieder zum Trab und galoppierst neu an. Dasselbe gilt, wenn dein Pferd beim weiteren Galoppieren in den Kreuz- oder Außengalopp umspringen sollte.

Während der gesamten Strecke im Galopp auf der linken Hand versuchst du, **im Grundtempo im passenden Rhythmus zu galoppieren.** Auf diese Weise gelingt es dir auch am besten, einige Galoppsprünge vorher zu sehen: „Jetzt muß ich etwas mehr oder etwas weniger treiben, um meinem Pferd einen **guten Absprung** zu ermöglichen."

Mach es dir jedoch zum **Grundsatz:** Vor dem Sprung immer nur dann den Galoppsprung ruhig im Rhythmus verlängern, wenn du genau siehst, daß du dann passend zum Absprung kommst! Andernfalls bleibst du einfach im Grundtempo. So kann dein Pferd kleine Unebenheiten ausgleichen, indem es ein wenig früher abspringt oder sich hilft, wenn es einmal dichter an den Sprung herankommt.

Tip

Wenn ich nicht ganz genau sehe, daß ich mit ruhigem, rhythmischem Zulegen passend zum Absprung komme, bleibe ich strikt im Grundtempo.

Nach dem Doppelsprung galoppierst du **im Grundtempo weiter** bis zur Mitte der nächsten kurzen Seite. Dort parierst du wieder zum Trab durch. Reite den Übergang mit treibenden Hilfen zu den elastisch stehenden Händen hin (siehe auch Seite 125).

Aus dem Trab wendest du so rechtzeitig ab, daß du wieder völlig gerade auf die **Mitte der Cavalettis** zukommst. Wie vorher, gehst du auch jetzt wieder einige Pferdelängen vor dem ersten Cavaletti in den leichten Sitz.

Danach trabst du leicht und kontrollierst, ob du auf dem richtigen Fuß leichttrabst. Du reitest durchs Ziel und lobst dein Pferd, bevor du zum Ausgang reitest.

Für das Springen ist eine Kappe mit Dreipunktbefestigung vorgeschrieben.

Tip

Beim Üben lernst du den Verlauf des Parcours auswendig, so daß du darauf bei der Prüfung keine Konzentration mehr verwenden mußt.

Die theoretische Prüfung

Reitlehre

1. Die Hilfen und ihre Anwendung

?	!
Was sind Hilfen?	Sie sind die Sprache, durch die sich der Reiter mit seinem Pferd verständigt, und zwar mit Hilfe von Schenkeln, Gewicht und Händen.
Nenne die verschiedenen Arten von Hilfen.	Schenkel-, Gewichts- und Zügelhilfen.
Was sind treibende Hilfen?	Schenkel- und Gewichtshilfen.
Welche verschiedenen Arten von Schenkelhilfen gibt es?	Die vorwärtstreibenden, die seitwärtstreibenden und die verwahrenden.

Wo liegen die Beine des Reiters bei der vorwärtstreibenden Schenkelhilfe?

In Normalhaltung (siehe Seite 88) so, daß sich Hüfte und Absatz senkrecht unter seiner Schulter befinden.

Wo liegt der seitwärtstreibende Schenkel?

Knapp hinter dem Sattelgurt.

Wo liegt der verwahrende Schenkel?

Eine Handbreit weiter hinten.

Bei der vorwärtstreibenden Schenkelhilfe liegt der Schenkel in Normalhaltung, so daß Schulter, Hüfte und Absatz eine senkrechte Linie bilden.

Der verwahrende Schenkel (gepunktet) liegt eine Handbreit hinter dem seitwärtstreibenden Schenkel.

Bei welcher Übung wirkst du sowohl mit dem verwahrenden als auch mit dem seitwärtstreibenden Schenkel ein?

Zum Beispiel bei der Vorhandwendung und beim Schenkelweichen.

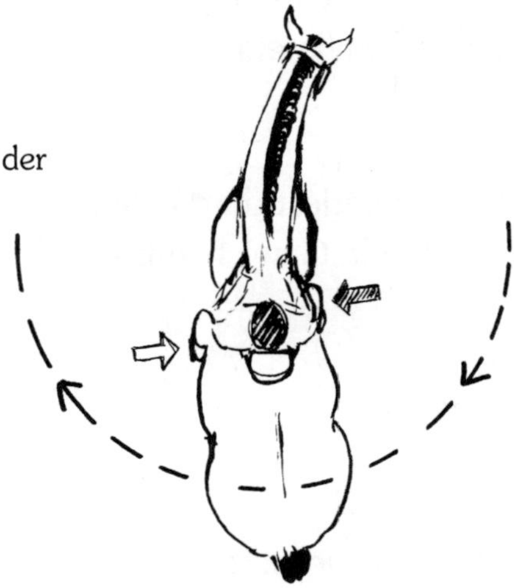

Die Schenkelhilfen bei der Vorhandwendung

Welche Arten von Gewichtshilfen gibt es?

Die beiderseits belastende, die einseitig belastende und die entlastende Gewichtshilfe.

Wie beschreibst du die beiderseits belastende Gewichtshilfe?

Ich ziehe mein Kreuz an und belaste beide Gesäßknochen gleichmäßig.

Wird diese Gewichtshilfe von einer weiteren treibenden Hilfe unterstützt?

Ja, von der treibenden Schenkelhilfe.

Bei welchen Lektionen wirkst du mit der beiderseits belastenden Gewichtshilfe gleichzeitig mit der vorwärtstreibenden Schenkelhilfe ein?

Beim Anreiten zum Schritt und beim Antraben, bei ganzen und halben Paraden, zum Verstärken des Tempos im Schritt und im Trab.

Wann wendest du die einseitig belastende Gewichtshilfe an?

Bei der Vorhandwendung, beim Schenkelweichen, beim Abwenden und Reiten auf gebogenen Linien, beim Galoppieren.

Wann brauchst du die entlastende Gewichtshilfe?

Im leichten Sitz (Springen, Gelände), zum Rückwärtsrichten und bei jungen oder rückenempfindlichen Pferden.

Wie kannst du die Zügelhilfen unterteilen?

Es gibt nachgebende, verwahrende, durchhaltende und annehmende Zügelhilfen.

Darfst du eine Zügelhilfe allein, ohne die Mitwirkung anderer Hilfen, geben?

Nein! Ich darf mit den Zügeln nur im Zusammenspiel mit den treibenden Hilfen einwirken.

Was ist der Unterschied zwischen langem und hingegebenem Zügel?

Beim hingegebenen Zügel habe ich nur noch das Ende der Zügel in der Hand; beide Zügel hängen gleichmäßig durch. Beim langen Zügel stehen die Zügel gleichmäßig leicht an: Das Pferd geht nicht am Zügel, aber ich halte eine leichte Verbindung zum Pferdemaul.

Am langen Zügel (links) und mit hingegebenem Zügel (rechts)

Was ist eine halbe Parade?

Ein Vortreiben mit Gewicht und Schenkeln bei verwahrender, durchhaltender oder annehmender Zügelhilfe.

Was ist eine ganze Parade?

Eine Parade zum Halten.

Gibt es einen **grundsätzlichen** Unterschied zwischen halber und ganzer Parade?

Nein, die ganze Parade besteht aus mehreren halben Paraden.

Sind die Hilfen bei halben und ganzen Paraden unterschiedlich stark?

Nein, die Stärke richtet sich nach Gehorsam und Ausbildungsstand des Pferdes.

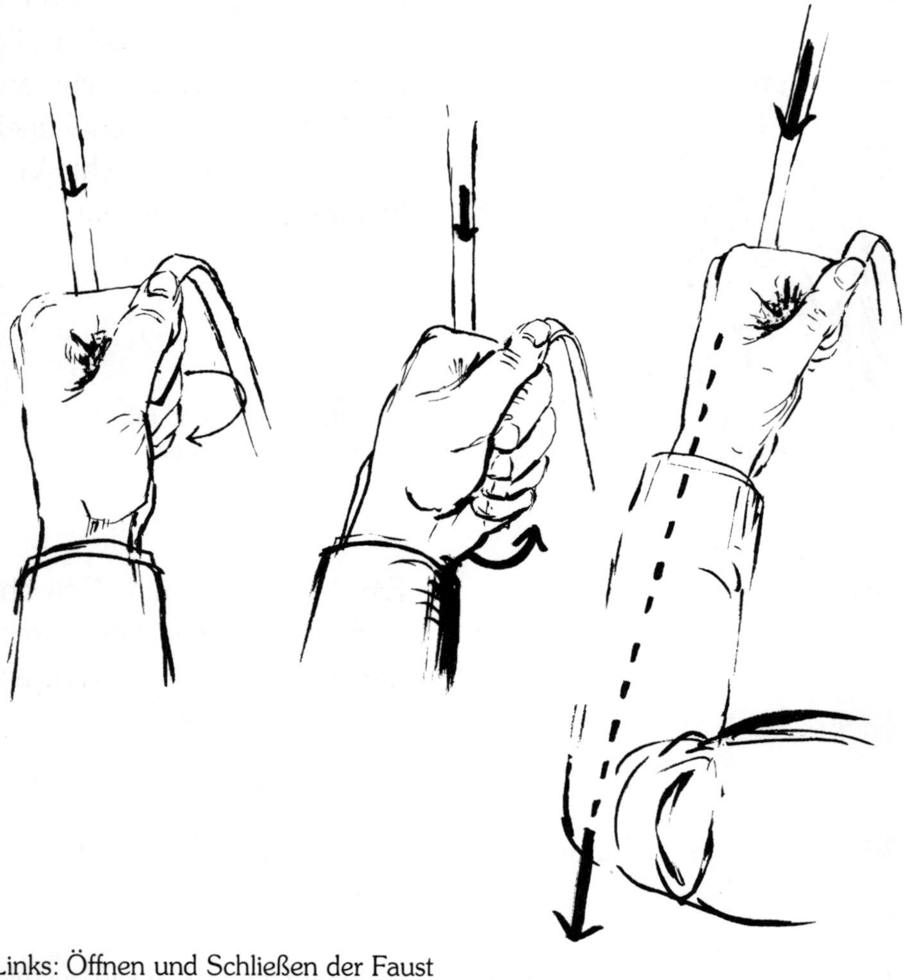

Links: Öffnen und Schließen der Faust
Mitte: Eindrehen der Faust aus dem Handgelenk
Rechts: Annehmen aus dem Ellenbogen heraus, wobei die Hand in gerader Linie zwischen Ellenbogen und Pferdemaul bleibt

Nenne einige Möglichkeiten, die Zügel anzunehmen.

Ich öffne und schließe die Faust (so fein wie beim Ausdrücken eines Schwamms), oder ich drehe die Faust aus dem Handgelenk ein. Die stärkste Form ist das Annehmen der Zügel aus dem Ellenbogen heraus, wobei die Hand immer in gerader Linie zwischen Ellenbogen und Pferdemaul bleiben muß.

Was ist das Wichtigste bei einer Parade?

Das Zusammenspiel aller Hilfen, das möglichst fein sein soll.

Was heißt „innen“ und „außen“?

Innen ist immer die Seite, nach der das Pferd gestellt ist, außen die entgegengesetzte.

Was ist Stellung?

Bei richtiger Stellung muß der aufrecht sitzende Reiter das innere Auge und den inneren Nüsternrand seines Pferdes „schimmern“ sehen.

Nenne ein Beispiel für eine Übung, bei der „Stellung nach innen“ die Stellung nach der zur Bande gerichteten Seite des Pferdes bedeutet.

Das ist bei der Vorbereitung zur Vorhandwendung und bei der einfachen Schlangenlinie der Fall.

Stellung nach rechts

Was heißt: „Mein Pferd geht am Zügel“?

Der losgelassene, schwingende Rücken des Pferdes läßt die Bewegung „durch“. Das Pferd hat im Genick so weit nachgegeben, daß die Stirnlinie bei-

Über die Dehnung wird das Pferd an den Zügel geritten.

nahe senkrecht ist. Ich kann angenehmer sitzen und spüre in der Hand eine gleichmäßig feine Verbindung.

Was ist unbedingte Voraussetzung dafür, daß du ein Pferd an den Zügel reiten kannst?

Daß ich es vorher ordnungsgemäß gelöst habe: daß der Rükken schwingt und das Pferd in Dehnungshaltung geht.

Wie reitest du dein Pferd „an den Zügel"?

Ich reite mein Pferd mit treibenden Hilfen (Schenkeln und Kreuz) an die mehr oder weniger angespannten Zügel heran. Ich werde mit der Hand sofort feiner und gebe nach, wenn die Hinterbeine fleißig herantreten und das Pferd im Genick nachgibt.

Welches sind die Hilfen zum Angaloppieren?

Ich stelle mein Pferd nach innen, gebe mit der äußeren Hand eine Parade, der innere (am Gurt liegende) Schenkel treibt, der äußere (eine Handbreit zurückliegende) Schenkel hält etwas gegen. Die innere Gesäßhälfte wird leicht vorgeschoben, und die innere Hand gibt nach, damit das innere Hinterbein vorspringen kann. Diese Hilfen wiederholen sich mehr oder weniger stark bei jedem Galoppsprung.

Was ist dein wichtigstes Ziel bei der Hilfengebung?

Daß meine Hilfen immer besser zusammenwirken und daß ich mit immer feineren Einwirkungen auskomme.

Tip

Die Sache mit dem Angaloppieren kannst du am leichtesten herauskriegen, indem du dir ganz genau einprägst, wie sich das Galoppieren (an der Longe oder auch in der Gruppe) anfühlt. So wie du bei jedem Galoppsprung sitzt, sind auch die Hilfen für das Angaloppieren.

2. Die Gangarten des Pferdes

?	!
Wie heißen die Grundgangarten des Pferdes?	Schritt, Trab und Galopp.

Schritt

Wie beschreibst du den Schritt?

Der Schritt ist eine schreitende Bewegung im Viertakt ohne Schwung und ohne Schwebephase.

Kannst du die Fußfolge beschreiben?

Das Vorder- und das jeweilige diagonale Hinterbein fußen nacheinander, also zum Beispiel: vorne links, hinten rechts, vorne rechts, dann hinten links.

Wie sollte ein guter Schritt aussehen?

Die Schritte sollen taktmäßig, raumgreifend und fleißig sein.

Wie schilderst du den Trab?

Er ist eine schwunghafte Bewegung im Zweitakt.

Wie ist die Fußfolge im Trab?

Die Fußfolge ist diagonal gleichzeitig mit jeweils anschließender Schwebephase, also: hinten rechts und vorne links, Schwebephase, dann hinten links und vorne rechts, Schwebephase.

Tip

Sieh Pferden so oft wie möglich im Schritt, beim Traben und Galoppieren zu und versuche, dir die verschiedenen Fußfolgen einzuprägen. Dann wird es für dich viel leichter, dir diesen Text zu merken und ihn zu verstehen.

Trab

Rechtsgalopp

?	!
Wie sollen die Trabtritte sein?	Taktmäßig, schwungvoll und raumgreifend.
Wie beschreibst du den Galopp?	Der Galopp ist eine schwunghafte, springende Bewegung im Dreitakt mit einer Schwebephase vor beziehungsweise nach jedem Sprung.
Wie unterscheidet man zwischen Links- und Rechtsgalopp?	Entsprechend den jeweils weiter vorgreifenden Vorder- und Hinterbeinen wird zwischen Rechts- und Linksgalopp unterschieden. So kennzeichnet zum Beispiel den Linksgalopp die Fußfolge: Schwebephase, hinten rechts, hinten links und vorne rechts gleichzeitig, vorne links, Schwebephase.
Wie sieht ein guter Galopp aus?	Die Galoppsprünge sollen taktmäßig, schwungvoll und raumgreifend sein.

Kennst du außer den Grundgangarten noch weitere Gangarten?

Ja, den Paß und den Tölt.

Bei welchen Arten von Pferden kommen Paß und Tölt vor?

Bei einigen Freizeitpferden, zum Beispiel den Isländern.

Was sind die Vorteile von Paß und Tölt?

Sie sind für lange Strecken im Gelände geeignet, weil sie für Pferd und Reiter weniger anstrengend sind.

3. Losgelassenheit und Lösen

Was ist Losgelassenheit?

Die Muskeln des Pferdes arbeiten ohne Verkrampfung, der Kreislauf ist angeregt, die Durchblutung verstärkt, das Pferd ist angstfrei und zufrieden.

?	!
Was ist Erwärmung?	Das Anregen des Kreislaufes: die verstärkte Durchblutung durch Bewegung.
Was ist Lösen?	Das Erreichen von Losgelassenheit, also die Erwärmung und Lockerung der gesamten Muskulatur.
Ist Lösen immer notwendig, oder darf es auch einmal ausfallen?	Ich muß mein Pferd immer lösen, bevor ich etwas anderes verlange.
Weshalb ist das Lösen so wichtig?	Weil – wie beim Sportler – ein Kaltstart schwere körperliche Schäden verursachen kann.
Welche lösenden Übungen kennst du?	Reiten im Schritt am Anfang, Leichttraben im Arbeitstrab, Reiten auf großen gebogenen Linien (Zirkel, einfache Schlangenlinie), Übergänge vom Arbeitstrab zum Arbeitsgalopp und umgekehrt, Lösen im frischen Arbeitsgalopp, Zulegen

Tip

Auch wenn es dir noch nicht ganz gelingt, dein Pferd konsequent zu lösen, solltest du wissen, wie man das macht, wie man Losgelassenheit erkennt und warum sie so wichtig ist. Die Fähigkeit, ein Pferd richtig zu lösen, wird später die Grundlage für all deine weiteren reiterlichen Fortschritte sein.

Mehr zum Lösen erfährst du in: P. und W. Hölzel, Profitips für Reiter, Stuttgart 1995

?	!
	im Trab und Galopp, Vorhandwendung, Schenkelweichen.
Was sind die wichtigsten Zeichen von Losgelassenheit?	Der Rücken des Pferdes schwingt, und es geht in Dehnungshaltung.
Was ist Dehnungshaltung?	Das Pferd folgt der Reiterhand nach vorwärts-abwärts. Am tiefsten Punkt ist die Maulspalte in Höhe des Buggelenks.
Woran erkennst du Losgelassenheit außerdem?	Das Pferd geht taktmäßig, ohne zu eilen, es atmet normal

oder prustet sich ab, es kaut bei geschlossenem Maul (leichte Schaumbildung), es trägt den Schweif frei und pendelnd, und es hat einen zufriedenen Gesichtsausdruck.

Wie kontrollierst du, ob dein Pferd sich losläßt?

Durch das Zügel-aus-der-Hand-kauen-lassen.

Wie beschreibst du das Zügel-aus-der-Hand-kauen-lassen?

Das Pferd kaut mir die Zügel bis zum langen Zügel aus der Hand und dehnt dabei seinen Hals nach vorwärts-abwärts. Meine Hand muß eine weiche Verbindung zum Pferdemaul behalten.

Die Beschaffenheit des Pferdes

1. Der Körperbau

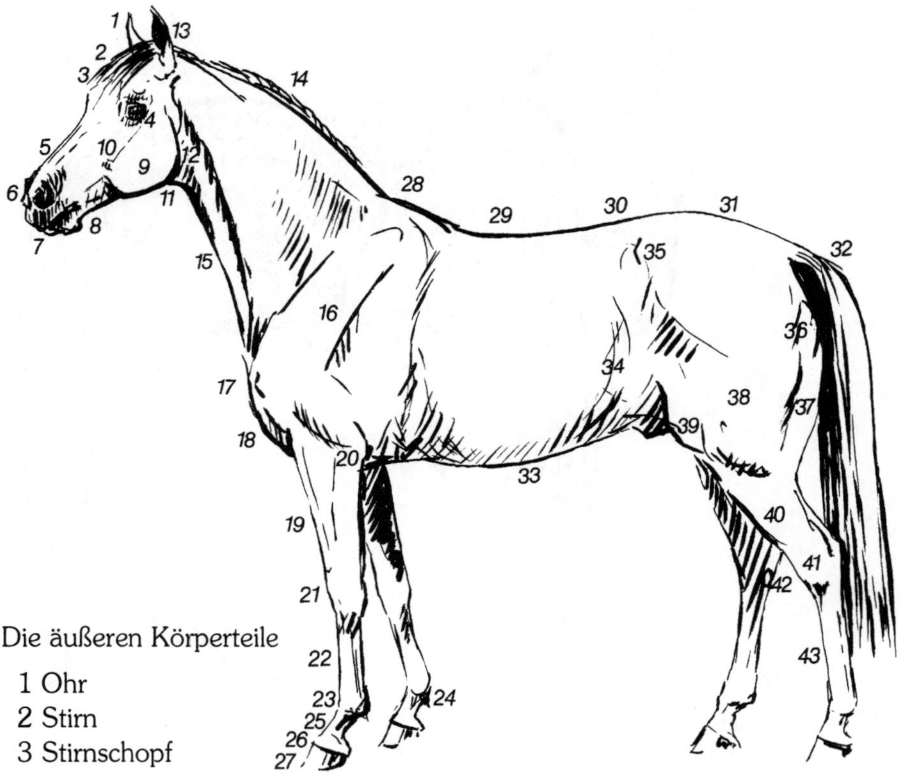

Die äußeren Körperteile

1 Ohr
2 Stirn
3 Stirnschopf
4 Auge
5 Nasenrücken
6 Nüster
7 Maul
8 Kinn
9 Backe
10 Jochbeinleiste
11 Kehle
12 Ganasche
13 Genick
14 Mähnenkamm
15 Drosselrinne
16 Schulter
17 Bug
18 Brust
19 Unterarm
20 Ellenbogen
21 Vorderfußwurzelgelenk
22 Vordermittelfuß (Vorderröhre)
23 Fesselgelenk
24 Kötenzopf
25 Fessel
26 Krone
27 Huf
28 Widerrist
29 Rücken
30 Lende
31 Kruppe
32 Schweifrübe
33 Bauch
34 Flanke
35 Hüfte
36 Sitzbeinhöcker
37 Hinterbacke
38 Oberschenkel
39 Knie
40 Unterschenkel
41 Sprunggelenk
42 Kastanie
43 Hintermittelfuß (Hinterröhre)

Der Körperbau

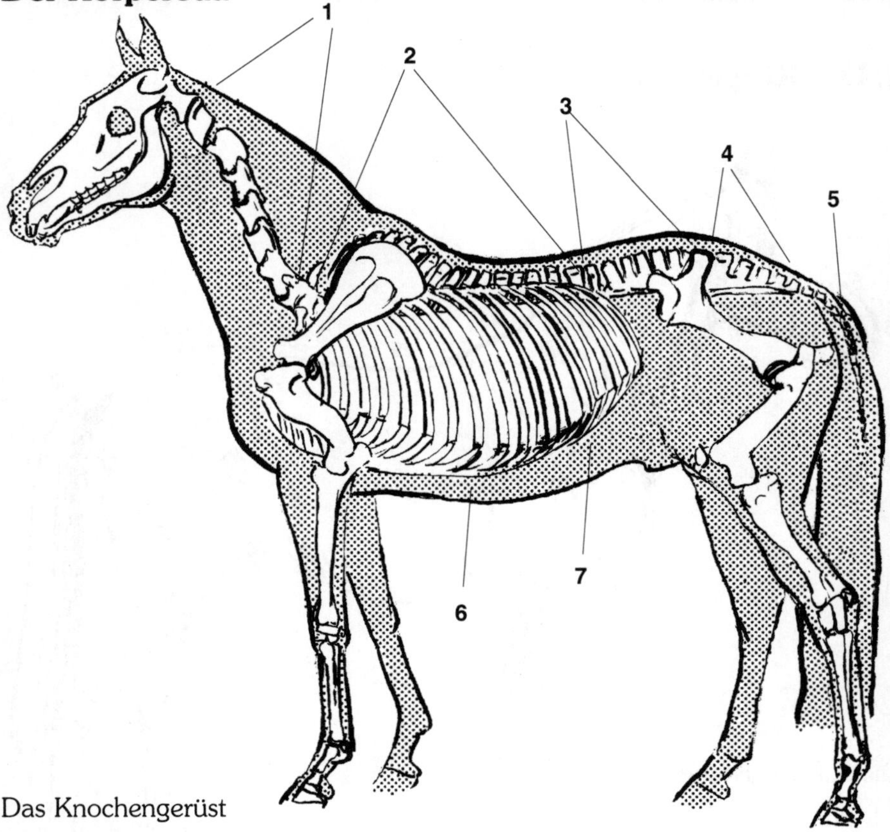

Das Knochengerüst

1 Halswirbel (7)
2 Rückenwirbel (18)
3 Lendenwirbel (6)
4 Kreuzwirbel (5)
5 Schweifwirbel (18–21)
6 echte Rippen (8)
7 falsche Rippen

Tip

Stell dir dein Lieblingspferd vor und benenne laut die Körperteile, die dir wichtig erscheinen. So prägen sie sich dir am besten ein!

Kannst du Kinn, Nüstern, Kehle und Ganasche zeigen?

Zeige auch Schulter, Hüfte und Nierenpartie.

Wo sind Ellenbogen, Vorderfußwurzelgelenk, Fessel, Fesselkopf, Knie und Sprunggelenk?

Präge dir diese Körperteile zuerst anhand der Zeichnung auf Seite 159 ein. Dann wird es dir leichter fallen, sie auch an deinem Pferd zu zeigen!

2. Farben und Rassen

Was sind die wichtigsten Bezeichnungen von Pferden nach ihrer Haarfarbe?

Schimmel (weiß), Rappen (schwarz), Braune und Füchse.

Was ist der Unterschied zwischen einem Braunen und einem Fuchs?

Ein Brauner hat braunes Deckhaar (Fell) und schwarzes Langhaar (Mähne und Schweif), beim Fuchs haben Deck- und Langhaar dieselbe Farbe.

?	!
Was ist ein Sommerrappe?	Ein Rappe, dessen Fell im Winter bräunlich wird.
Welche Pferderassen gibt es?	Volllblüter, Warmblüter, Kaltblüter, Traber und Ponys.
Bis zu welcher Größe sprechen wir von einem Pony?	Bis zu einem Stockmaß von 1,48 Metern.
Nenne einige wichtige Zuchtgebiete für Warmblüter (drei genügen!).	Baden-Württemberg, Bayern, Hannover, Hessen, Mecklenburg-Vorpommern, Oldenburg, Rheinland, Sachsen, Sachsen-Anhalt, Schleswig-Holstein, Thüringen, Westfalen.

Weißt du, daß ...
... meist das Stockmaß gemeint ist, wenn von der Größe eines Pferdes die Rede ist? Man ermittelt es, indem man mit einem Meterstab senkrecht vom Boden bis zum Widerrist mißt. Daneben gibt es noch das Bandmaß, bei dem ein Band am Widerrist angelegt und über die Schulter bis zum Boden geführt wird. Diese Methode ist ungenauer und deshalb auch weniger üblich.

Einige der wichtigsten Brandzeichen. Obere Reihe, von links nach rechts: Baden-Württemberg, Sachsen-Anhalt, Mecklenburg-Vorpommern, Trakehner. Untere Reihe, von links nach rechts: Holstein, Hannover, Oldenburg, Westfalen, Hessen.

Pferdehaltung

1. Das Füttern

?	!
Wie oft wird ein Pferd gefüttert?	Mindestens dreimal am Tag.
Wann wird es gefüttert?	Frühmorgens, mittags und abends und möglichst immer um dieselbe Zeit.

?	!
Wann bekommt es die größte Portion?	Am Abend.
Warum ist das so?	Weil danach die Nachtruhe folgt: Die lange Ruhepause ist für die Verdauung wichtig.
Was wird gefüttert, und wieviel?	Mittelschwere Pferde bekommen bei normaler Arbeit pro Tag fünf Kilo Kraftfutter, sechs Kilo Heu und Stroh nach Bedarf.
Welche Futterarten gibt es?	Kraftfutter, Mineralfutter, Rauhfutter und Saftfutter.

Tip
Vor allem im Winter, wenn den Pferden frisches Gras fehlt, ist die zusätzliche Fütterung von Mohrrüben eine wichtige und beliebte Ergänzung des Speiseplans!

Weißt du, daß ...

... sich freilebende Pferde hauptsächlich von Gras ernähren? Auch die Pferde aus deinem Reitstall sollten die Möglichkeit zum Weidegang haben. Doch obwohl es sich um eine natürliche Nahrung handelt, muß man die Pferde im Frühjahr sehr vorsichtig an das Gras gewöhnen. Ihr Körper braucht viel Zeit, um sich von der Winterfütterung mit Heu, Stroh und Kraftfutter auf das frische Grün umzustellen. Wenn man bei der Gewöhnung an das Grasfutter nicht vorsichtig genug ist, können die Pferde krank werden.

Was ist das wichtigste Kraftfutter?	Der Hafer.
Gibt es noch weitere Kraftfutterarten?	Ja, es gibt außerdem verschiedene fertige Kraftfuttermischungen.
Wie heißen die wichtigsten Rauhfutterarten?	Heu und Stroh.
Wie wird Stroh hauptsächlich verwendet?	Als Einstreu. Das Pferd holt sich daraus einen Teil seines Rauhfutterbedarfs.

?	!
Was ist Saftfutter?	Frisches Gras, Mohrrüben, rote Rüben, Zucker- und Futterrüben.
Warum ist Saftfutter wichtig?	Es ist sehr bekömmlich und vitaminreich.
Darf man Saftfutter in beliebigen Mengen füttern?	Nein, nur in kleineren Mengen und als Beifutter.

2. Das Tränken

Wie oft und wann wird ein Pferd getränkt, wenn keine Selbsttränke vorhanden ist?	Drei- bis viermal am Tag vor oder nach dem Füttern.
Worauf mußt du bei einer Selbsttränke besonders achten?	Daß sie sauber ist! Ich sehe täglich nach, ob sie durch Roßäpfel oder Futterreste verunreinigt ist, und entferne diese gründlich.

Wie sollte das Tränkwasser sein?

Frisch, also nicht abgestanden. Wenn das Pferd erkältet ist, gebe ich etwas warmes Wasser dazu.

Darfst du ein stark erhitztes Pferd ungehindert saufen lassen?

Auf keinen Fall. Ich muß es zuerst herumführen, damit es abschwitzt.

Was kannst du tun, damit ein schwitzendes Pferd nicht zu schnell und gierig säuft?

Ich lege ein Büschel Heu oder etwas Stroh aufs Wasser oder lasse das Trensengebiß im Maul.

3. Stall und Einstreu

Wie soll ein guter Stall aussehen?

Er muß groß sein, mit guter Luft, aber ohne Zug, und viel Licht. Die Box soll so geräumig sein, daß das Pferd sich darin frei bewegen kann. Sie sollte ein Fenster haben, das bei schönem Wetter ganz geöffnet werden kann.

Weißt du, daß ...

... es neben der Unterbringung in Boxen auch andere Möglichkeiten der Pferdehaltung gibt? Vor allem bei Freizeitreitern ist es üblich, die Pferde nicht in Einzelboxen, sondern in Gruppenställen zu halten. Meistens handelt es sich dabei um Offenställe mit angrenzendem Auslauf. Das heißt, daß die Pferde nach Belieben hinein- und hinausgehen können. Solche Ställe kommen den natürlichen Bedürfnissen der Pferde entgegen; es gibt hier aber genau wie bei den Boxenställen sowohl pferdefreundliche Betriebe als auch schlecht geführte Anlagen, in denen die Pferde schlimm vernachlässigt werden.

Die Haltung in Ständern ist unzeitgemäß und nicht artgerecht!

Richtig angebrachte und geformte Futterkrippe

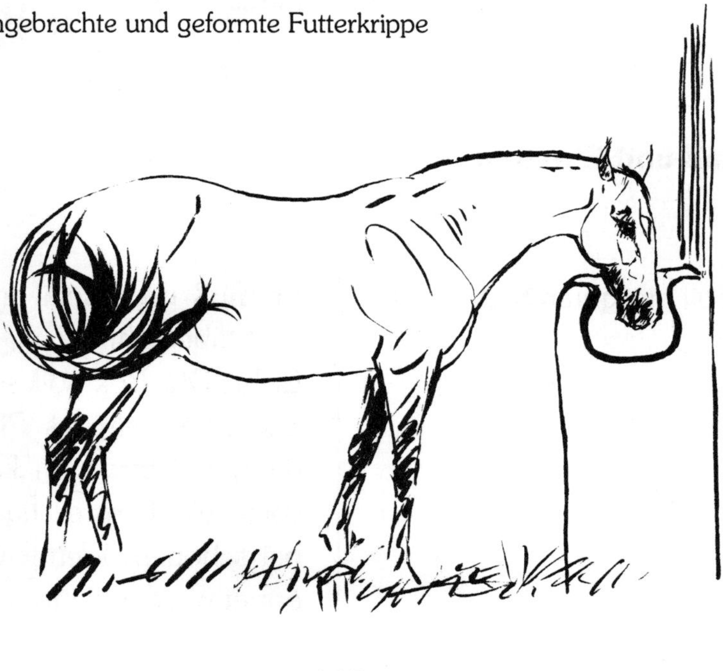

?	!
Wie soll die Futterkrippe sein?	Sie muß so hoch angebracht sein, daß das Pferd mit leichter Halsneigung fressen kann. Nach unten ist sie etwas erweitert, damit es den Hafer nicht hinauswirft.
Wird Heu in der Krippe gefüttert?	Nein, Heu wird vom sauberen Boden aus gefüttert.
Was kannst du über die Streu im Stall sagen?	Sie muß reichlich und sauber sein, damit das Pferd sich wohl fühlt. Es frißt sie ja auch, weil es seinen Rauhfutterbedarf aus ihr ergänzt!
Gibt es außer Stroh noch andere Möglichkeiten der Einstreu, und warum?	Staubfreie Sägespäne, wenn das Pferd aus gesundheitlichen Gründen nicht ungehindert Stroh fressen darf.
Worauf muß bei der Einstreu mit Sägespänen geachtet werden?	Daß das Pferd ausreichend Heu bekommt, um genügend Rauhfutter zu haben.

Tip

Eine praktische Art, einzelne Häufchen von Roßäpfeln zu entfernen, ist die folgende Technik: Du nimmst eine alte Futterschwinge (die nur noch zu diesem Zweck verwendet wird!) und drückst sie an der abgeflachten Seite vor den Roßäpfeln ins Stroh. Du stützt sie mit deinen Schienbeinen, greifst mit beiden Händen seitlich ins Stroh unter die Roßäpfel und beförderst sie in die Futterschwinge.

Wie oft muß ausgemistet werden?

Einmal täglich gründlich. Außerdem sollten während des Tages immer wieder die Roßäpfel entfernt werden, und die Streu sollte eingeebnet werden.

Beseitigen von Roßäpfeln mit einer alten Futterschwinge

Wirklich wohl fühlt sich dein Pferd in einer frisch eingestreuten Box.

?

Worauf achtest du beim Ausmisten?

!

Ich entferne alle Roßäpfel und sehe dabei nach, ob noch einige unter dem Stroh versteckt sind. Nasses Stroh muß ich restlos herausnehmen.

Was ist beim Einstreuen von frischem Stroh wichtig?

Daß das Stroh wirklich frisch ist und nicht schimmelig oder vermodert. Auf keinen Fall dürfen Schnüre von den Ballen in die Box geraten, weil sich das Pferd an ihnen verletzen kann. Ich achte darauf, daß das Stroh locker, gut aufgeschüttelt und gleichmäßig verteilt ist.

Was ist eine Matratzenstreu?

Sie besteht aus gleichmäßig verteiltem, festgestampftem, trockenem Mist, auf dem das trockene Stroh aufgelegt wird. Es soll immer wieder aufgelokkert werden.

Unfallverhütung und Tierschutz

1. Unfallverhütung

?	!
Was sind die Hauptursachen für Unfälle mit dem Pferd?	Unwissenheit, Leichtsinn und daher falscher Umgang mit dem Pferd.
Was mußt du beim Führen oder Reiten in Gesellschaft anderer Pferde vor allem beachten?	Das Einhalten des Sicherheitsabstandes von mindestens einer Pferdelänge.
Was ist oberstes Gebot, wenn du dich einem Pferd näherst?	Daß ich es ruhig und vernehmlich anspreche.

Tip

Du mußt über das Verhalten des Pferdes genau Bescheid wissen. Zusammen mit diesen Kenntnissen sind Umsicht, Übersicht und Vorsicht der beste Schutz gegen Unfälle!

?	!
Wann gilt dies ganz besonders?	Wenn ich seine Box betrete, mich ihm von hinten nähere oder so von der Seite komme, daß es mich nicht sieht.
Warum kann es gefährlich werden, wenn ein Pferd zuviel Kraftfutter bekommt und/oder nicht genügend Bewegung hat?	Es wird dann übermütig und unberechenbar. Man sagt: „Ihn (oder sie) sticht der Hafer!“
Weshalb mußt du im Umgang mit Pferden hastige Bewegungen und unnötige laute Geräusche unbedingt vermeiden?	Weil Pferde dadurch leicht erschrecken und unberechenbar reagieren.
Darfst du beim Umgang mit dem Pferd leichtes Schuhwerk wie Sandalen tragen?	Niemals, weil ein Huftritt auf die ungeschützten Füße sehr weh tun und böse Verletzungen zur Folge haben kann.
Was sind die wichtigsten Regeln für deine Reitbekleidung?	Festes Schuhwerk, das die Füße schützt. Im Gelände und beim Springen, aber auch als Anfänger, brauche ich eine

feste Reitkappe. Wenn ich unter 18 bin, ist im Gelände und beim Springen eine Kappe mit Dreipunktbefestigung Vorschrift (siehe Seite 185).

2. Tierschutz

Wo sind die Gesetze zum Schutz der Tiere aufgeschrieben?

Im Tierschutzgesetz.

Was besagt der erste Paragraph oder Abschnitt des Tierschutzgesetzes?

Daß niemand einem Tier ohne vernünftigen Grund Schmerzen, Leiden und Schäden zufügen darf.

Wie hoch können die Höchststrafen für Verstöße gegen das Tierschutzgesetz sein?

Die Höchststrafen liegen bei Freiheitsstrafen bis zu zwei Jahren und Geldstrafen bis zu 10000 Mark.

Was ist artgerechte Haltung?

Eine Haltung, die der Natur des Pferdes entspricht, also

Haltung in einem großen, hellen, luftreichen und sauberen Stall, Kontakt zu anderen Pferden, gründliche, angemessene Pflege und Fütterung sowie ausreichend Bewegung.

Nenne ein oder zwei Beispiele für Tierquälerei!

Wenn ein Pferdebesitzer sein Pferd tagelang verdreckt und schweißverklebt in einer engen Box stehen läßt oder wenn ein Reiter sein Pferd immer wieder mit der Peitsche dazu antreibt, über ein Hindernis zu springen, das für seine Kräfte zu weit oder zu hoch ist.

Tip

Unternimm jede Anstrengung, um deinem Pferd zusätzlich zum Reiten weitere Bewegungsmöglichkeiten zu verschaffen! Solche Möglichkeiten sind: Weide, Paddock, Führen, Laufenlassen in der Reitbahn, Longieren oder Bewegung an der Führmaschine.

In welchem Fall ist das Einwirken mit scharfen Sporen und scharfen Gebissen ein Verstoß gegen die artgerechte Behandlung des Pferdes?

Wenn sie unfachgemäß eingesetzt werden.

Wann verstößt das Reiten mit Schlaufzügeln und anderen Hebelübersetzungen gegen die artgemäße Behandlung?

Wenn der Reiter mit ihrer Hilfe Genick und Hals des Pferdes gewaltsam krummzieht.

Hältst du das übertriebene Beizäumen der Pferde (bis die Nase fast an der Brust ist) für richtig, wenn du es bei einem sehr erfolgreichen Reiter siehst?

Nein, das ist Tierquälerei!

Warum verstößt mangelnde Bewegung gegen das Tierschutzgesetz?

Weil viel Bewegung zu den Grundbedürfnissen des Pferdes gehört.

Wie lange muß ein Pferd mindestens bewegt werden?

Mindestens eine Stunde am Tag.

Braucht das Pferd den häufig üblichen Stehtag einmal in der Woche?

Nein, im Gegenteil: Es braucht täglich ausreichend Bewegung.

Anhang

Bestimmungen der FN zum Erwerb des Kleinen Hufeisens

Zweck der Abzeichen im Reitsport:

Dem Inhaber wird bestätigt, daß er über ein bestimmtes Maß an Können und Wissen im Reiten verfügt. Das Abzeichen stellt eine öffentliche Anerkennung dar und soll zu weiteren Leistungen im Umgang mit Pferden sowie im Reiten und Voltigieren anspornen.

Zulassung:

Zugelassen sind Kinder und Jugendliche, die im laufenden Kalenderjahr nicht älter als 16 Jahre werden.

Prüfungsfächer:

a) Umgang mit dem Pferd

- Führen, Anbinden, Passieren anderer Pferde, Wenden auf der Stallgasse
- Pferdepflege: z.B. Putzen mit Striegel und Kardätsche, Huf- und Schweifpflege, Versorgen des Pferdes/Ponys nach der Arbeit

b) Reiten

- Zäumen und Satteln: Kenntnisse im Anpassen und Anlegen von Trense und Sattel, Verschnallen der Bügel

- Reiten: Auf- und Absitzen, Nachgurten, Hintereinanderherreiten, Bahndisziplin, ggf. Reiten über Cavalettis, um Tonnen oder Ständer oder

Voltigieren

- Zäumen und Gurten: Kenntnisse im Anpassen und Anlegen von Trense, Unterlage und Voltigiergurt
- Voltigieren: ggf. im Takt mittraben oder mitgaloppieren, Hilfestellung zum Aufsitzen geben können, eine Kürübung und vier Pflichtübungen aus dem D-Pogramm nach Wahl im Galopp bzw. Schritt

c) Theorie

- Putzen, Zäumen, Satteln: Bezeichnung der wichtigsten Putz- und Ausrüstungsgegenstände, Lederpflege
- Reitlehre: Grundkenntnisse über Sitz und Hilfen, Hufschlagfiguren
- Grundkenntnisse auf dem Gebiet der Pferdehaltung, Fütterung, des Tierschutzes und der Unfallverhütung

Beurteilung:

Beurteilt werden Sachkundigkeit und Geschicklichkeit im Umgang mit dem Pferd/Pony, Sitz und Hilfengebung des Reiters.

Prüfungsort:

Jeder Reiterverein mit einer Reithalle oder einem Reitplatz

Prüfungskommission:

Eine Person, die mindestens Fachübungsleiter Reiten/Voltigieren ist bzw. eine Richterqualifikation besitzt. Dies könnte der Ausbilder der Prüflinge selbst sein, besser der Ausbilder des Nachbarvereins.

Prüfungsergebnis:

Sachkundigkeit und Geschicklichkeit im Umgang mit dem Pferd/Pony sowie das Grundwissen über das Pferd/Pony sind ausschlaggebend. Sitz und Hilfengebung bzw. die Übungsausführung fließen in die Beurteilung ein. Das Prüfungsergebnis lautet „bestanden" oder „nicht bestanden".

Wiederholung:

Eine nicht bestandene Prüfung kann zum nächstmöglichen Termin wiederholt werden, wobei alle Teilprüfungen zu wiederholen sind. Das Abzeichen kann jährlich neu erworben werden.

Gebühren:

Sie sind vom Veranstalter in Abstimmung mit dem Landesverband zu erheben.

Verleihung:

Das Kleine Hufeisen wird in Form eines einheitlichen Stoffabzeichens und einer Urkunde nach bestandener Prüfung durch den bzw. die Prüfer ausgehändigt.

Bestimmungen der FN zum Erwerb des Großen Hufeisens

Zweck der Abzeichen im Reitsport:

Dem Inhaber wird bestätigt, daß er über ein bestimmtes Maß an Können und Wissen im Reiten verfügt. Das Abzeichen stellt eine öffentliche Anerkennung dar und soll zu weiteren Leistungen im Umgang mit Pferden sowie im Reiten und Voltigieren anspornen.

Zulassung:

Zugelassen sind Kinder und Jugendliche, die im laufenden Kalenderjahr nicht älter als 18 Jahre werden.

Prüfungsfächer:

a) Umgang mit dem Pferd
- Führen, Anbinden, Passieren anderer Pferde, Wenden auf der Stallgasse
- Pferdepflege: z.B. Putzen mit Striegel und Kardätsche, Huf- und Schweifpflege, Versorgen des Pferdes/Ponys nach der Arbeit

b) Reiten
- Zäumen und Satteln: Kenntnisse im Anpassen und Anlegen von Trense und Sattel, Verschnallen der Bügel
- Auf- und Absitzen, Nachgurten, Bahndisziplin, Reiten eines Dressurreiterwettbewerbes
- Reiten im Außengelände/Außenplatz einschließl. Reiten über Cavalettis, Überwinden kleinerer Hindernisse in Anlehnung an einen Springreiterwettbewerb

c) Theorie
- Putzen, Zäumen, Satteln: Bezeichnung der wichtigsten Putz- und Ausrüstungsgegenstände, Lederpflege
- Reitlehre: Grundkenntnisse über Sitz und Hilfen, Hufschlagfiguren
- Grundkenntnisse auf dem Gebiet der Pferdehaltung, Fütterung, des Tierschutzes und der Unfallverhütung

Beurteilung:

Beurteilt werden Sachkundigkeit und Geschicklichkeit im Umgang mit dem Pferd/Pony, Sitz und Hilfengebung des Reiters.

Prüfungsort:

Jeder Reiterverein mit einer Reithalle oder einem Reitplatz

Prüfungskommission:

Eine Person, die mindestens Fachübungsleiter Reiten/Voltigieren ist bzw. eine Richterqualifikation besitzt. Dies könnte der Ausbilder der Prüflinge selbst sein, besser der Ausbilder des Nachbarvereins.

Prüfungsergebnis:

Sachkundigkeit und Geschicklichkeit im Umgang mit dem Pferd/Pony sowie das Grundwissen über das Pferd/Pony sind ausschlaggebend. Sitz und Hilfengebung bzw. die Übungsausführung fließen in die Beurteilung ein. Das Prüfungsergebnis lautet „bestanden“ oder „nicht bestanden“.

Wiederholung:

Eine nicht bestandene Prüfung kann zum nächstmöglichen Termin wiederholt werden, wobei alle Teilprüfungen zu wiederholen sind. Das Abzeichen kann jährlich neu erworben werden.

Gebühren:

Sie sind vom Veranstalter in Abstimmung mit dem Landesverband zu erheben.

Verleihung:

Das Große Hufeisen wird in Form eines einheitlichen Stoffabzeichens und einer Urkunde nach bestandener Prüfung durch den bzw. die Prüfer ausgehändigt.

Bestimmungen der FN zum Erwerb der Reiternadel

Zulassung:

Zugelassen sind alle Reiter, die im laufenden Kalenderjahr 19 Jahre und älter werden (nach oben keine Grenze).

Prüfungsfächer:

Die Prüfung besteht aus zwei Teilprüfungen, die an einem Tag abzulegen sind.

a) Praktischer Teil

- Umgang mit dem Pferd: Führen, Anbinden, Passieren anderer Pferde, Wenden auf der Stallgasse
- Pferdepflege: z. B. Putzen mit Striegel und Kardätsche, Huf- und Schweifpflege, Versorgen des Pferdes/Ponys nach der Arbeit

b) Reiten

- Zäumen und Satteln: Kenntnisse im Anpassen und Anlegen von Trense und Sattel, Verschnallen der Bügel
- Auf- und Absitzen, Nachgurten, hintereinander herreiten, Bahndiszipin, ggf. Reiten über Cavalettis, um Tonnen oder Ständer
- Springen eines Parcours mit sechs bis acht Hindernissen, 0,60 bis 0,90 Meter hoch. Die Teilnahme am Springen ist dem Bewerber freigestellt.
- Bei Nichtteilnahme am Springen ist zusätzlich zum Hintereinanderherreiten eine Dressuraufgabe der Kl. E (Einzelreiten) zu absolvieren (Ausbinde- bzw. Stoßzügel sind zugelassen).

c) Theoretischer Teil

Jeder Bewerber ist in jedem der o.g. Prüfungsgebiete theoretisch zu prüfen.

- Zäumen und Satteln, Zusammensetzen und Verpassen einer Trense, Auflegen von Sattel und Trense, Bandagieren eines Pferdes, Putz- und Ausrüstungsgegenstände, Lederpflege

- Grundkenntnisse auf dem Gebiet der Reitlehre und Pferdehaltung entsprechend der Kl. E
- Kenntnisse des Tierschutzgesetzes und des reiterlichen Verhaltens in Feld, Wald und auf Straßen

Alle Teilprüfungen sind an einem Tag abzulegen.

Prüfungsort:

Jeder Reitverein sowie jede von der FN gekennzeichnete Ausbildungsstätte

Prüfungskommission:

Mindestens ein anerkannter Richter

Prüfungsergebnis:

Das Alter des Bewerbers sowie seine reiterliche Erfahrung sollten bei der Bewerbung berücksichtigt werden. Das Prüfungsergebnis in den beiden Prüfungsteilen (Praxis und Theorie) lautet jeweils „bestanden“ oder „nicht bestanden“. Ein Bewerber muß in beiden Prüfungsteilen „bestanden“ erreichen.

Wiederholung:

Eine nicht bestandene Prüfung kann zum nächstmöglichen Termin wiederholt werden, wobei alle Teilprüfungen zu wiederholen sind. Das Abzeichen kann jährlich neu erworben werden.

Gebühren:

Sie sind an den veranstaltenden Verein zu entrichten.

Verleihung:

Die Reiternadel wird nach bestandener Prüfung zusammen mit einer Urkunde durch den bzw. die Richter ausgehändigt.

Merkblatt der FN für Prüfer, die das Kleine und Große Hufeisen und die Reiternadel abnehmen

a) Allgemeines

Prüfungsvorbereitung:

Hinsichtlich der zu erfüllenden Wartezeiten gelten folgende Bestimmungen:

- Keine Wartezeit zwischen Kleinem und Großem Hufeisen
- Drei Monate zwischen Großem Hufeisen und Reiternadel

Ausrüstung:

Die Verwendung von Hilfszügeln in der Dressur ist bei dem Kleinen und Großen Hufeisen und bei der Reiternadel zulässig.
Dabei sind folgende Hilfszügel gestattet:

- Ausbindezügel
- Stoßzügel
- Dreieckszügel
- Martingal

- Bei der Verwendung eines Stoßzügels sollte dieser an einem Verbindungssteg zwischen den beiden Trensenringen befestigt werden.
- Da die Verwendung von o.g. Hilfszügeln gestattet ist, darf hierfür kein Abzug von der Wertnote vorgenommen werden.
- In der Teilprüfung Springen und Geländereiten ist nur die Verwendung des Martingals erlaubt.
- Bei der Teilprüfung Geländereiten ist das Tragen einer Kappe mit Dreipunktbefestigung zwingend erforderlich. Jugendliche unter 18 Jahren müssen sowohl beim Springen als auch Geländereiten eine Kappe mit Dreipunktbefestigung tragen.

Bewertung:

- Eine zweite Chance mit einem anderen Pferd während der gleichen Prüfung ist bei der Reiternadel und beim KIR (DRA IV) zulässig.
- Das dreimalige Verweigern bei Absolvierung des Großen Hufeisens führt nicht zum Ausscheiden.

b) Kleines und Großes Hufeisen

Die Anforderungen sind in der APO geregelt.
Bei der Abnahme des Kleinen und Großen Hufeisens müssen als wichtigste Grundsätze gelten:

- Motivation der Reiter erhalten und möglichst fördern.
- Aus diesem Grund sollten möglichst alle Teilnehmer, die sich der Prüfung stellen, bestehen.
- Kinder, die das Kleine bzw. Große Hufeisen ablegen, sollten sich mindestens im Grundschulalter befinden (ab 7 Jahre).
- Es sollten nicht mehr als acht Teilnehmer pro Reitgruppe zugelassen werden.
- Die Abnahme des Kleinen und Großen Hufeisens muß kindgerecht und so praxisnah wie möglich erfolgen.
- Die Beachtung und Bedeutung des Sicherheitsaspektes/Unfallschutzes einschließl. der Kenntnisse über das Pferdeverhalten und den Umgang mit dem Pferd müssen ein wesentliches Lehrgangs- und Prüfungsfach darstellen.
- Während beim Kleinen Hufeisen die reitpraktische Prüfung in Form eines Reiterwettbewerbs erfolgt, wird beim Großen Hufeisen die Prüfung in Anlehnung an einen Dressurreiterwettbewerb durchgeführt (vergl. LPO, S.67).
- In der Beurteilung der reitpraktischen Fähigkeiten muß sowohl beim Kleinen als auch beim Großen Hufeisen die Sitzgrundlage der Teilnehmer das Hauptkriterium darstellen.
- Dabei muß besonders auf den losgelassenen und ausbalancierten Sitz des Reiters geachtet werden. Beim Kleinen Hufeisen

werden darüber hinaus die korrekten Ansätze zur richtigen Hilfengebung und die beginnende Kontrolle des Reiters über sein Pferd (z.B. Temporegulierung und Abstand halten können), unabhängig davon, ob das Pferd mit einem Hilfszügel ausgerüstet ist oder nicht, bewertet.

- Beim Großen Hufeisen werden ausdrücklich die beginnende Einwirkung, Korrektheit der Hilfengebung, das Einhalten der Hufschlagfiguren und das reiterliche Verhalten des Teilnehmers während des Wettbewerbs beurteilt.
- Nach Beendigung der reitpraktischen Prüfung ist ein Kurzkommentar mit Aussagen zum Sitz und zur weiteren Ausbildung unerläßlich.
- Neben dem Dressurreiten wird beim Großen Hufeisen das Reiten im Außengelände/ auf dem Außenplatz einschließl. des Reitens über Cavalettis oder kleine Sprünge in Anlehnung an einen Springreiterwettbewerb verlangt.
- Der Parcours soll dazu dienen, Kinder und Jugendliche an das Springreiten und an das Reiten im Außengelände heranzuführen. Die Anforderungen dürfen daher nicht zu hoch angesiedelt sein und die Teilnehmer auf keinen Fall überfordern.
- Die Aufgabenstellung muß einfache Linienführung mit einigen lösbaren Springaufgaben beinhalten. Insbesondere der korrekte leichte Sitz, die Hilfengebung und die beginnende Einwirkung sollten überprüft werden.
- Die o.g. Teilprüfung kann *nur in absoluten Ausnahmefällen* in der Halle durchgeführt werden.

c) Reiternadel

- Die Anforderungen für diese Prüfung sind in der LPO geregelt.
- Auch bei der Abnahme dieses Abzeichens gilt der Grundsatz, die Motivation der Reiter zu erhalten und möglichst zu fördern. Die Bewertung der Leistungen im Dressurteil sollte in Anlehnung an die Dressurprüfung der Kl. E erfolgen.

- Die Ablegung der Teilprüfung Springen ist nicht bindend vorgeschrieben. Alternativ kann hier eine Dressurprüfung Kl. E (einzeln) geritten werden, wobei Hilfszügel gestattet sind. Besonderer Wert bei der Beurteilung der Leistungen wird auf losgelassenen und korrekten Sitz, die Hilfengebung und die Einwirkung des Reiters gelegt.
- Wird die Teilprüfung Springen absolviert, so muß dies in Form einer Stilspringprüfung der Kl. E erfolgen, wobei die Bewertung analog des Springreiterwettbewerbs (siehe Großes Hufeisen) durchgeführt wird.

Die Autoren

Dr. Petra Hölzel ist von klein auf mit Pferden vertraut. Gemeinsam mit ihrem Mann bildete die passionierte Reiterin Pferde bis zur schweren Klasse aus. Dr. Petra Hölzel ist promovierte Philologin und hat zusammen mit ihrem Mann zahlreiche Fachbücher und -artikel verfaßt.

Dr. Wolfgang Hölzel wuchs in der Reitschule seiner Eltern auf und erhielt für seine Erfolge in Dressur, Springen und Vielseitigkeit das Goldene Reiterabzeichen. Der promovierte Pädagoge war Ausbildungsleiter der Deutschen Reitschule in Warendorf und machte sich unter anderem als Nationaltrainer der australischen Dressur- und Vielseitigkeitsreiter weit über Deutschlands Grenzen hinaus einen Namen.
Das Ehepaar Hölzel lebt in Sassenberg bei Warendorf in Westfalen.

Sachregister